JN277841

小さな会社と個人事業者のための

ひと目でわかる
勘定科目・仕訳事典

遠山秀貴 著
Toyama Hidetaka

はじめに

　事業を営んでいる法人や個人は、事業上の金銭・物品の移動を日常的な経理処理として行っています。経理処理の際に、担当者を悩ませるのが勘定科目への仕訳の作業です。
　「この取引は、どの勘定科目に計上すれば良いのか」と疑問を持った経験のある経理担当者、事業主が大勢いることでしょう。
　本書は、一般的な法人・個人の事業で設けられている勘定科目の概要の解説に加え、各勘定科目にどの取引（摘要）が該当するか、そして、どのような仕訳を行うかを例示しています。さらに、各勘定科目に関して、会計処理上のポイントや税務上の注意点を付加しています。
　また、法人と個人で処理の異なる部分に関しては、個人事業者の処理についての解説も掲載しています。
　本文には、代表的な勘定科目130程度と、1500余りの摘要（主な取引例）を取り上げていますが、実際に、日常的な経理処理に伴う仕訳で扱うものは、その中の経費（販売費及び一般管理費）部分がほとんどです。
　その他の勘定科目の多くは、決算書（貸借対照表・損益計算書）を作成するための科目で、日常的な経理処理で用いる機会は限られます。日常的な経理処理では、消耗品を購入したり、給料や交通費を支払ったりという経費の支出が経理処理のほとんどを占めているのです。
　毎日の経理処理、仕訳作業を積み重ねて、期末に決算書を作成する際に、その他の勘定科目に計上する金額を計算することになります。
　まず、経費（販売費及び一般管理費）部分の勘定科目についての知識を身に付けましょう。これで、仕訳の作業がとても簡単になります。

著者

ひと目でわかる勘定科目・仕訳事典

はじめに ……………………………………………………………… 3

Part—1

仕訳と会計処理、決算書の仕組み ………… 11

勘定科目の考え方 ……………………………………………… 12
◆事業に必要な経理・会計の処理　◆日常的な仕訳に使う勘定科目は少ない　◆経費の勘定科目として何が必要か（事業会計と税務会計）　◆会計制度のトライアングル体制　◆法律の規定を調整する企業会計原則（販売費及び一般管理費に属する費用の例）

勘定科目の仕訳から決算書作成まで ………………………… 17
◆1つの取引を2つの要素で記帳する複式簿記　◆5つの要素と仕訳のルール（左側［借方］と右側［貸方］の分類）（借方と貸方の由来）　◆同じ取引は同じ仕訳をする継続性の原則（損益計算書の構成）（貸借対照表の構成）　◆損益計算書で当期利益を計算する　◆当期純利益と課税所得の違いを考える（損益計算書）（貸借対照表）◆貸借対照表の事業資産と未解決項目　◆確実な仕訳が業績把握につながる

Part—2

損益計算書の勘定科目 ……………………………… 23

売上高 ………………………………………………………………… 24
　COLUMN　売上計上基準 ………………………………………… 25
◆売上の計上時期　◆物品の売上計上基準　◆サービス業等の売上計上基準　◆特殊な売上計上基準（主な売上計上基準）

売上値引高 …………………………………………………………… 26
売上戻り高 …………………………………………………………… 27
売上割戻し高（リベート） …………………………………………… 28
期首棚卸高（商品／製品） …………………………………………… 29
仕入高 ………………………………………………………………… 30

※本文中（　）内は、図解表組内のタイトル

| COLUMN　仕入計上基準と売上原価 …………………………………… 31
◆仕入の計上時期（主な仕入計上基準）　◆売上原価の計算　◆仕入高から控除できる科目　◆個別原価計算と総合原価計算

仕入値引高 ………………………………………………………………… 32
仕入戻し高 ………………………………………………………………… 33
仕入割戻し高（リベート）………………………………………………… 34
自家消費／家事消費等 …………………………………………………… 35
期末棚卸高（商品／製品）……………………………………………… 36
　★最終仕入原価法
役員報酬 …………………………………………………………………… 37
給料手当／賃金 …………………………………………………………… 38
賞与 ………………………………………………………………………… 39
雑給／外注工賃 …………………………………………………………… 40
退職金 ……………………………………………………………………… 41
法定福利費 ………………………………………………………………… 42
福利厚生費 ………………………………………………………………… 43
旅費交通費 ………………………………………………………………… 44
通信費 ……………………………………………………………………… 45
販売促進費 ………………………………………………………………… 46
荷造運賃 …………………………………………………………………… 47
広告宣伝費 ………………………………………………………………… 48
接待交際費 ………………………………………………………………… 49
会議費 ……………………………………………………………………… 50
車両関係費 ………………………………………………………………… 51
水道光熱費 ………………………………………………………………… 52
COLUMN　家事関連費の経費算入 ……………………………………… 53
◆個人事業者の家事関連費（主な家事関連費）（家事関連費を必要経費に算入する要件）

消耗品費 …………………………………………………………………… 54
租税公課 …………………………………………………………………… 55
新聞図書費 ………………………………………………………………… 56
地代家賃 …………………………………………………………………… 57
支払手数料 ………………………………………………………………… 58

諸会費	59
賃借料	60
保険料	61
修繕費	62
事務用品費	63
教育研修費	64
寄付金	65
研究開発費	66
減価償却費	67
貸倒引当金繰入	68
貸倒損失・貸倒金	69
雑費	70
受取利息	71
受取配当金	72
有価証券売却益	73
為替差益	74
雑収入	75
支払利息／利子割引料	76
為替差損	77
有価証券売却損	78
雑損失	79
固定資産売却益	80
貸倒引当金戻入	81
前期損益修正益	82
固定資産売却損	83
固定資産除却損	84
前期損益修正損	85
法人税、住民税及び事業税／法人税等	86
債務免除益	87
受贈益	88
専従者給与	89
損益計算書の決算科目	90
当期純利益	

Part 3

貸借対照表の勘定科目 …… 91

現金 …… 92
COLUMN 小口現金 …… 93
◆小口現金という勘定科目　◆定額資金前渡制度と不定額資金前渡制度
預金／普通預金 …… 94
当座預金 …… 95
受取手形 …… 96
COLUMN 手形取引 …… 97
◆約束手形と為替手形　◆債権者になる受取手形（授受原因による分類）（利用内容による分類）◆債務者になる支払手形
売掛金 …… 98
有価証券 …… 99
商品／棚卸資産 …… 100
★最終仕入原価法
製品／棚卸資産 …… 101
COLUMN 棚卸資産の評価方法 …… 102
◆売上高・売上原価・在庫を確認する（棚卸資産と売上原価の関係）◆棚卸資産を評価する方法　◆棚卸資産の評価方法
◆棚卸資産に含まれるもの　◆未着品　◆積送品　◆半製品　◆副産物
原材料 …… 104
仕掛品 …… 105
貯蔵品 …… 106
前渡金／前払金 …… 107
立替金 …… 108
短期貸付金 …… 109
未収金／未収入金 …… 110
未収収益 …… 111
前払費用 …… 112

| COLUMN | 経過勘定 …………………………………………………… 113

◆経過勘定の科目　◆時間の経過に伴って処理する科目（経過勘定の科目）
（各経過勘定の関係）

仮払金 ……………………………………………………………………… 114
仮払消費税 ………………………………………………………………… 115
不渡手形 …………………………………………………………………… 116
貸倒引当金 ………………………………………………………………… 117
建物 ………………………………………………………………………… 118
建物付属設備 ……………………………………………………………… 119
構築物 ……………………………………………………………………… 120
機械装置 …………………………………………………………………… 121
車両運搬具 ………………………………………………………………… 122
工具器具備品 ……………………………………………………………… 123
土地 ………………………………………………………………………… 124
建設仮勘定 ………………………………………………………………… 125
減価償却累計額 …………………………………………………………… 126

| COLUMN | 有形固定資産の減価償却 ……………………………… 127

◆減価償却の対象となる固定資産　◆減価償却資産の耐用年数　◆定額法と定率法による減価償却費（定額法と定率法の計算式）（定額法と定率法の違い）
◆間接控除法と直接控除法による記帳の違い

のれん ……………………………………………………………………… 128
特許権／実用新案権 ……………………………………………………… 129
商標権／意匠権 …………………………………………………………… 130

| COLUMN | 無形固定資産 …………………………………………… 131

◆無形固定資産の減価償却　◆直接控除法記帳と減価償却費の計算
◆無形固定資産の償却期間

投資有価証券 ……………………………………………………………… 132
出資金 ……………………………………………………………………… 133
長期貸付金 ………………………………………………………………… 134
保証金／差入保証金 ……………………………………………………… 135
長期前払費用 ……………………………………………………………… 136
その他繰延資産／繰延資産 ……………………………………………… 137

| COLUMN | 繰延資産 …………………………………………………138

◆費用計上を繰り延べる資産　◆会社法と税法の繰延資産　◆税法上の繰延資産と勘定科目（会計基準と税法に共通の繰延資産）（税法独自の繰延資産）（税法独自の繰延資産の表示）

事業主貸 ……………………………………………………………………140
支払手形 ……………………………………………………………………141
買掛金 ………………………………………………………………………142
短期借入金 …………………………………………………………………143
未払金 ………………………………………………………………………144
未払費用 ……………………………………………………………………145
前受金 ………………………………………………………………………146
前受収益 ……………………………………………………………………147
仮受金 ………………………………………………………………………148
預り金 ………………………………………………………………………149
未払法人税等 ………………………………………………………………150
仮受消費税 …………………………………………………………………151
割引手形 ……………………………………………………………………152
裏書手形 ……………………………………………………………………153
長期借入金 …………………………………………………………………154
預り保証金／長期預り金 …………………………………………………155
退職給付引当金 ……………………………………………………………156

| COLUMN | 退職給付 …………………………………………………157

◆退職給付債務と退職給付費用の計算（退職給付費用の計算〔原則法〕）◆小規模企業に認められる簡便法（中小企業退職金共済〔中退共〕制度）

事業主借 ……………………………………………………………………158
資本金 ………………………………………………………………………159
資本準備金 …………………………………………………………………160
利益準備金 …………………………………………………………………161
別途積立金（任意積立金）…………………………………………………162

| COLUMN | 平成19年度税制改正について …………………………163

◆減価償却制度を抜本的に見直し　◆償却可能限度額と残存価額を廃止　◆棚卸資産の評価について　◆リース取引関連税制　◆役員給与の整備

元入金 ………………………………………………………………………164

| COLUMN | 個人事業の勘定科目 …………………………165
◆個人事業独自の勘定科目（個人事業独自の物品・金銭の扱い）
| COLUMN | 青色申告特別控除と損失繰越し ………………166
◆青色申告特別控除　◆3年間の損失繰越し

Part 4

電子帳簿保存法と電子納税 ……………167

帳簿書類の電子的な保存について ……………………168
◆帳簿書類の保存期間　◆電子帳簿保存法の特徴　◆電子帳簿保存法と会計ソフトの関係　◆青色申告と複式帳簿　◆電子帳簿保存法の申請手続き

事務所や自宅でできる電子納税 ………………………171
◆インターネットを利用した電子納税　◆国税庁のホームページで税務会計の情報を収集（電子申告・電子納税の手続きの流れ）

さくいん …………………………………………173
index

摘要（主な取引例）・勘定科目・キーワードから調べる50音順さくいん …174
法人の損益計算書科目から調べるさくいん ……………………220
法人の貸借対照表科目から調べるさくいん ……………………221
個人事業者の青色申告損益計算書科目から調べるさくいん ……………222
個人事業者の青色申告貸借対照表（資産負債調）科目から調べるさくいん 223

Part―1

仕訳と会計処理、決算書の仕組み

勘定科目の考え方

仕訳と会計処理

◆事業に必要な経理・会計の処理

　事業を行うには、人員と物品と金銭が必要です。経理・会計の処理は、このヒト・モノ・カネのうち、モノとカネを管理する作業です。

　日常的な事業上の取引は、入金伝票や出金（支払）伝票、振替・仕入・売上・経費伝票等に記入されます。伝票を発生順に整理して、収入や支出を帳簿に記帳する作業が仕訳です。

　期末に作成する決算書は、仕訳の集大成です。決算書は、事業成績のすべてを示すもので、事業会計と税務会計を支える役割を持ちます。経理事務で行う仕訳は、決算書を作成するために、必要不可欠な作業です。

◆日常的な仕訳に使う勘定科目は少ない

　事業を始める際には、事務所や店舗・機材や備品等のモノと、事業資金というカネが必要になります。これらは、固定資産や資本金・元入金という勘定科目で、貸借対照表上の資産の部や資本（純資産）の部に計上されます。

　しかし、固定資産や資本金・元入金の金額等は、日常的な事業活動では、ほとんど変化しません。毎日のように固定資産を購入したり、増資や減資を繰り返すようなことはありません。

　日常的に行われる事業上の取引の多くは、売上や仕入、消耗品等の購入や交通費・人件費・通信費等のような経費の支払いになります。

　売上や仕入は、売上帳や仕入帳・得意先元帳や仕入元帳、出納帳等で管理します。最終的な勘定科目は、売上高や仕入高、および、値引や返品に応じた売上値引高・売上戻り高、仕入値引高、仕入戻し高などに計上されます。

　これに対して、経費の支払いには様々なケースがあります。日々の業務で、担当者が最も迷うのは、経費科目への仕訳です。

◆経費の勘定科目として何が必要か

　経費（販売費及び一般管理費：販管費）として扱う勘定科目は、「事業の実態に応じて経費を分類し、内容のわかる科目名の勘定科目を設定する」必要があります。

勘定科目は、事業会計と税務会計の双方に関わります。事業会計は、事業上のモノとカネを管理する会計処理で、ここから「費用対効果」や「経費削減」等の経営判断を行います。税務会計は、法人税や所得税・事業税等の税金を算出するための会計処理です。

事業会計では、たとえば多額の水道光熱費を支出する事業で、勘定科目を光熱費や電力費、水道料金等に細分化して、それぞれの経費を管理したり、消耗品費から事務用品費を区分したり、福利厚生費と法定福利費を区分して、厳密に経費を管理するような勘定科目の設定が考えられます。

税務会計では、資本金1億円を超える法人の接待交際費は、税法上の損金不算入ですから、これを一切認めない方針で、接待交際費という科目を設けないという方法もあります。

もちろん、接待交際費の支出がある場合は、それを計上しなければ、会計処理できません。このような場合、事業会計上は、接待交際費の科目を設けて、該当する支出を計上した上で、税務会計では、税法上の損金とし扱わない（損金から控除する）処理になります。

経費の勘定科目を必要以上に細分化すると、仕訳が煩雑になります。また、実態と異なる科目を設けるのも適切でありません。経費には、多くの事業に該当する科目と、事業規模や業種業態で異なるものがありますから、実態に応じた科目を設ける必要があります。

法人・個人とも期末に作成する決算書に表示する勘定科目はわずかです。

しかし、日常の処理で扱う科目は、事業実態に応じて異なります。

Part 1 仕訳と会計処理、決算書の仕組み

◎事業会計と税務会計

事業会計	税務会計
業績や費用対効果を明らかにして、資金繰りや事業計画等の経営判断を行うために、決算書等の財務諸表を作成する会計処理。会社法や証券取引法で規定される。	当期の事業による収益から納税額を算出するために、決算書等の財務諸表を作成する会計処理。法人税法・所得税法・租税特別措置法等の各税法で規定される。

◆**会計制度のトライアングル体制**

　日本の会計制度は、従来、①商法（の会社法該当部分）・②証券取引法・③税法という別々の法律によって、別々に規定されていました。このトライアングル体制が、会計制度を複雑にしていたのです。

　平成18年5月に施行された会社法によって、旧来の商法による規定が整理され、近年の会計制度改革を反映したものとなりました。

　それでも、期末に作成する決算書は、事業会計と税務会計に関係します。事業会計は会社法と証券取引法によって規定され、税務会計は税法によって規定されています。

　事業会計は、支出と収入から利益を算出して、業務効率や費用対効果を、経営者・債権者・投資家が把握するための会計処理です。費用対効果を明確にするために、事業会計では、すべての支出を計上します。

　しかし、税務会計は、たとえ他の科目に仕訳した支出でも、実態が接待交際費なら、法人の損金算入は制限されます。また、役員賞与や一部の寄付金、法人の納付する罰金・科料・過料、個人事業の専従者や生計を一にする親族への賞与は、損金に算入できません。税務会計には、支出しても損金にできない、損金不算入の金額があるのです。

　福利厚生費や消耗品費は、決算書の損益計算書上で、法人の場合、販売費及び一般管理費の内訳科目、個人の場合、経費の内訳科目となり、どちらも税務会計の損金です。仕訳を間違うと、事業会計では経営判断に影響しますが、納税額には影響しません。しかし、税務会計で損金不算入の金額を、他の勘定科目に仕訳していると、納税額に影響します。

　このため、税務会計を過度に意識する非上場企業や個人事業主も見受けられます。しかし、税務会計を意識しすぎると、会計処理の本質を見失ったり、税制改正に振り回されることになりかねません。

◎会計制度のトライアングル体制

①会社法
旧来の商法・有限会社法・商法特例法等から会社に関する部分が一本化され、合同会社の新設や会計参与制度の導入等が行われた。会社法による省令の会社計算規則は、会社の計算に関する事項等を定めている。

②証券取引法
一般投資家の保護を目的に、厳密な事業会計を要求する。対象は上場企業だが、ディスクロージャー（情報開示）や連結決算導入等の会計制度改革のように非上場企業や個人事業主にも間接的に影響する。

③税法
法人税法や所得税法等によって、課税所得の算出方法等を規定する。公正・中立な税制構築を目的として、事業会計で計上している支出や準備金・引当金のうち、損金不算入に規定するものもある。

◆法律の規定を調整する企業会計原則

　会社法・証券取引法と税法は、それぞれ別の観点から会計処理を規定します。これらを調整するために、企業会計原則が設けられています。

　企業会計原則は、日本の会計制度の規範として、一般原則・損益計算書原則・貸借対照表原則の順で会計制度を規定しています。

　また、勘定科目については、内閣府令の財務諸表等規則（財務諸表等の用語、様式及び作成方法に関する規則）に定義されています。これは、上場企業の財務諸表に関する規則ですが、非上場企業や個人事業でも、決算書の勘定科目は、財務諸表等規則を参考にできます。

　経費科目は、第84条と第85条で、「販売及び一般管理業務に関して発生したすべての費用は、販売費及び一般管理費に属するものとする」「販売費及び一般管理費は、適当と認められる費目に分類し、当該費用を示す名称を付した科目をもって掲記しなければならない」とされています。

　金融庁総務企画局による財務諸表等規則ガイドライン（「財務諸表等の用語、様式及び作成方法に関する規則」の取扱いに関する留意事項について）には、販売費及び一般管理費に属する費用として、販売手数料、荷造費、運搬費、広告宣伝費等が例示されています。

　これらを参考に、用途に応じて経費を分類し、内容のわかる科目名で勘定科目を表示することになります。決算書に表示する勘定科目は、法人・個人ともわずかです。しかし、日々の経理で扱う科目は、事業実態に応じて異なります。

販売費及び一般管理費に属する費用の例

　財務諸表等規則ガイドライン（「財務諸表等の用語、様式及び作成方法に関する規則」の取扱いに関する留意事項について：金融庁総務企画局）
　規則第84条に規定する販売費及び一般管理費に属する費用とは、会社の販売及び一般管理業務に関して発生した費用、例えば販売手数料、荷造費、運搬費、広告宣伝費、見本費、保管費、納入試験費、販売及び一般管理業務に従事する役員、従業員の給料、賃金、手当、賞与、福利厚生費並びに販売及び一般管理部門関係の接待交際費、旅費、交通費、通信費、光熱費及び消耗品費、租税公課、減価償却費、修繕費、保険料、不動産賃借料及びのれんの償却額をいう。

勘定科目の仕訳から決算書作成まで

決算書の仕組み

◆1つの取引を2つの要素で記帳する複式簿記

会計処理は、事業上の取引を発生順に整理して、帳簿に記帳する簿記の作業に始まります。現在、正規の簿記とされているのは、1つの取引を2つ(以上)の要素で記帳する複式簿記です。

たとえば、「525円の事務用品を現金で購入した」取引は、「事務用品費(消耗品費)という費用の発生」と「現金という資産の減少」という、2つの要素を持っています。

この場合の費用と資産の関係は、決算書で見ると、損益計算書の経費(販売費及び一般管理費：販管費)科目の事務用品費(消耗品費)と、貸借対照表では、資産の部の流動資産の現金に相当します。

2つ(以上)の要素というのは、この取引を厳密に扱うと、「500円の事務用品を購入して、消費税とともに525円の現金を支払った」ことになります。これは、「事務用品費(消耗品費)という費用の発生」と「仮払消費税という資産の増加」に対して「現金という資産の減少」という、3つの要素を持つことになります。

このように、複式簿記では必ず、1つの取引を2つ(以上)の要素で記帳することになります。

◆5つの要素と仕訳のルール

事業者が期末に作成する決算書は、貸借対照表と損益計算書にまとめられます。これらは、日々の仕訳の結果を、①資産・②負債・③資本(純資産)・④収益・⑤費用という5つの要素にまとめています。損益計算書は収益と費用による利益計算を行い、貸借対照表は資産・負債・資本(純資産)の増減を示す財産目録の役割を持っています。

日常的な経理事務で行う仕訳は、事業上の各取引を発生順に、それぞれ5つの要素に対応させて、帳簿に記帳する作業になります。

仕訳の注意点は、1つの取引に対する2つ(以上)の要素を、必ず左側(借方)と右側(貸方)に分類して記帳することです。

借方と貸方という言葉は、慣行で使われているもので、現在は、必ずしも借りと貸しの意味になりません。単純に、左側と右側を示すと考えて構いません。

ただし、左側（借方）と右側（貸方）に分類する場合、要素によって、一定のルールがあります。

5つの要素に関して、①資産の増加は左側・減少は右側、②負債の減少は左側・増加は右側、③資本（純資産）の減少は左側・増加は右側・④収益の発生は右側・消滅は左側、⑤費用の発生は左側・消滅は右側です。

◎左側（借方）と右側（貸方）の分類

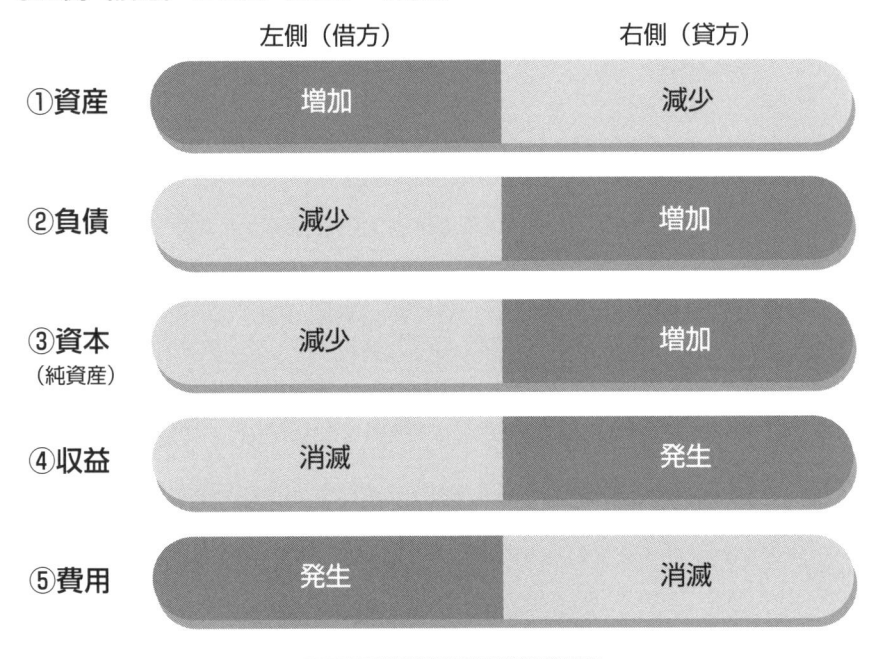

	左側（借方）	右側（貸方）
①資産	増加	減少
②負債	減少	増加
③資本（純資産）	減少	増加
④収益	消滅	発生
⑤費用	発生	消滅

借方と貸方の由来

複式簿記の考案された中世ヨーロッパで、帳簿の左側に債務者名と借入金額を記入し、右側に債権者名と拠出金額を記入したことが由来とされています。現代では、会計処理が複雑になっているので、借方と貸方の名称だけ残っています。

◆同じ取引は同じ仕訳をする継続性の原則

　仕訳の作業で大切なのは、同様の取引を同じ勘定科目へ、継続的に仕訳することです。これは、企業会計原則の求める継続性の原則です。
　仕訳のたびに企業や事業主の都合で勘定科目を変えてしまうと、決算書の数字に信頼性がなくなってしまいます。もし仕訳の作業で迷ったら、取引内容を確認して、次に決算書の要素に該当するか考えましょう。
　そして、日々の仕訳の集大成として、期末に損益計算書や貸借対照表等の決算書が作成されます。

◎損益計算書の構成

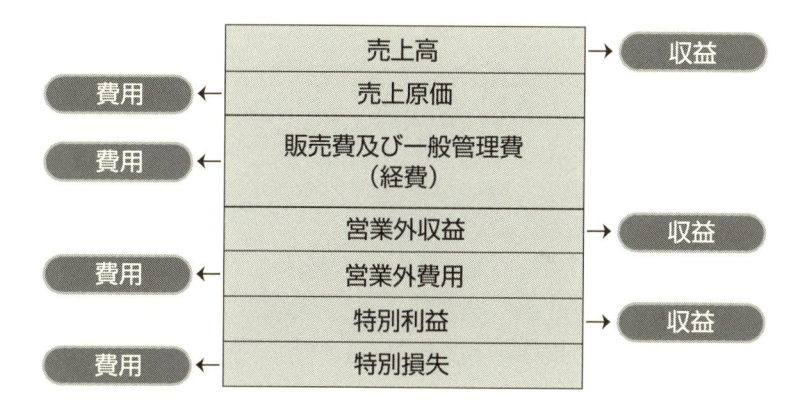

	売上高	→ 収益
費用 ←	売上原価	
費用 ←	販売費及び一般管理費（経費）	
	営業外収益	→ 収益
費用 ←	営業外費用	
	特別利益	→ 収益
費用 ←	特別損失	

◎貸借対照表の構成

	資産の部	負債の部	
資産 ◀	流動資産 固定資産 繰延資産	流動負債 固定負債	▶ 負債
		純資産の部	▶ 資本

◆損益計算書で当期利益を計算する

　決算書として作成する損益計算書には、企業会計原則による法人の区分損益計算書と、税務署から個人事業者に送付される所得税青色申告決算書の損益計算書があります。このような損益計算書で当期利益を計算します。

　法人の区分損益計算書は、1会計期間（○年○月○日から至○年○月○日まで）を区切って、営業損益計算・経常損益計算・純損益計算の3区分を計算します。

　個人事業者の所得税青色申告決算書では、これを簡略化しています。

　まず、売上高や売上原価、販売費及び一般管理費等から、①営業損益計算で、本来の営業活動による損益を求めます。仕訳で苦労する勘定科目の多くは、この販売費及び一般管理費の内訳科目で、経費として計上される項目です。

　次に、①の結果に対して営業活動以外の損益を加減する②経常損益計算を行います。これに、特別損益を加減する③純損益計算の結果が当期純利益です。会計期間内の所得が当期純利益で、損益計算書の税引前当期純利益の欄に表示された額から、法人税、住民税、及び事業税や法人税等調整額を加減します。経営指標等で扱うのは、経常損益や税引前当期純利益の数字になります。

◆当期純利益と課税所得の違いを考える

　厳密に表現すると法人税は、税引前当期純利益でなく、課税所得に対して課税されます。課税所得は、税引前当期純利益を基礎に、損金不算入の接待交際費や減価償却超過額等の加算項目を加え、益金にできない減算項目を引いた数字です。そして、損益計算書の法人税、住民税及び事業税の欄には、法人税と住民税・事業税の数字を表示します。

　損金不算入の数字が大きいと、税引前当期純利益は少なくても納税額が増えることになります。しかし、実態が接待交際費になる支払いを、他の勘定科目に仕訳しても、税務調査で接待交際費に認定されれば損金不算入になりますし、所得隠しと見なされる場合もあります。

◎損益計算書

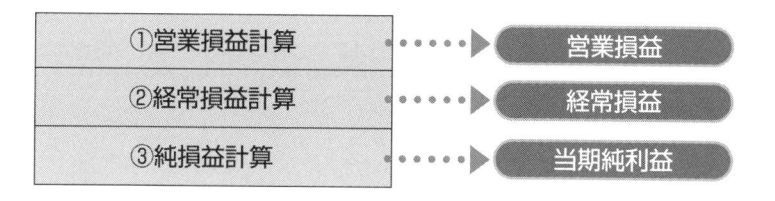

```
①営業損益計算 ……▶ 営業損益
②経常損益計算 ……▶ 経常損益
③純損益計算   ……▶ 当期純利益
```

◎貸借対照表

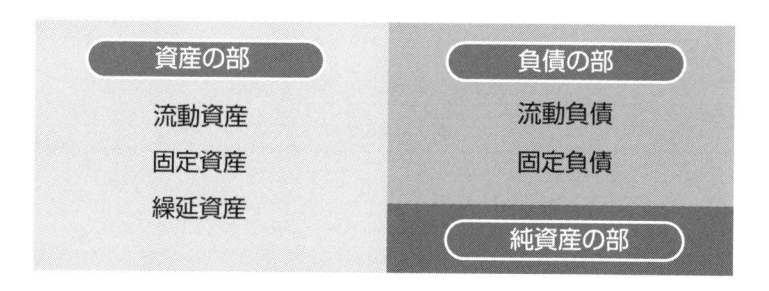

```
資産の部        負債の部
流動資産        流動負債
固定資産        固定負債
繰延資産
               純資産の部
```

◆貸借対照表の事業資産と未解決項目

　貸借対照表は、現金・預金や土地・建物等の事業資産を示す財産目録であると同時に、損益計算の未解決項目も表示します。

　現金・預金や固定資産等に比べると、未解決項目も経理担当者を悩ませる勘定科目です。未解決項目とは、記帳されたまま損益計算に使わなかった売掛金や未払費用・前払費用等の経過勘定、繰延資産や引当金等の勘定科目です。

　現金のやり取りを基準とする現金主義会計は、一部の個人事業等で用いられますが、現在の会計制度の原則は、発生主義会計です。

　発生主義会計は、収益を実現主義、費用を発生主義で扱い、費用収益対応の原則によって、1会計期間の収益に関わる費用から利益を計算します。損益計算書は、継続している事業を会計期間で区切るので、取引時期によって損益計算できない科目が生じます。この未解決項目を、期末（○年○月○日現在）の貸借対照表で、資産や負債に計上します。

◆**確実な仕訳が業績把握につながる**

　発生主義会計の場合、収益や費用の計上時期と現金の増減時期が一致しない場合もあります。①現金仕入で収益にならない在庫品、②売上高の計上が掛売日で現金収入は後日の場合、③現金払いの費用を経費に計上できない等の問題が生じます。

　売掛金の回収が遅れると、極端な場合、黒字倒産につながる可能性もあるわけです。連結決算を行う場合は、現金の増減を示すキャッシュフロー計算書の作成も義務づけられます。中小企業や個人事業でもキャッシュフローの把握は重要になっています。正確な決算書やキャッシュフローの把握には、確実な仕訳が不可欠です。日々の仕訳は、税務会計のためだけでなく、事業会計によって業績を確認することに生かしましょう。

　なお、会社法施行にともない、株主資本等変動計算書と注記表が、決算書として導入されています。また、国際会計基準との整合性等を視野に入れた会計基準や実務上の取扱いに関する指針については、企業会計基準委員会（ASBJ）が取り組んでいます。

　本書に掲載しているのは、代表的な勘定科目です。
　個人事業者の場合、税務署から送付される所得税青色申告決算書に、最小限の勘定科目が記載されていますが、この勘定科目を強制しているわけではありません。事業実態に応じた科目を取捨選択することで、わかりやすく効率的な会計処理を行うことができます。

Part—2

損益計算書の勘定科目

貸方科目

売上高

対象：法人・個人事業者

◉この科目の概要

　小売業の商品販売や製造業の製品販売、サービス業の役務提供による対価等の主要な事業収入（売上）の金額を計上する科目です。

　売上高から売上値引高や売上戻り高、売上割戻し高（リベート）を控除（除外）した金額が、事業による営業収益になります。

　日々の販売額や個別の取引額に「売上」の科目を使い、上記の営業収益に「売上高」の科目を使って仕訳する場合もあります。

◉摘要（主な取引例）
◎委託品の販売　　　◎請負サービス　　　◎売上
◎加工賃収入　　　　◎割賦販売　　　　　◎建設工事
◎サービス料収入　　◎商品の売上　　　　◎試用品販売
◎製品の売上　　　　◎延払条件付販売　　◎予約販売

◉仕訳例
◆商品を18,000円で販売して、代金を現金で受け取った。
　借方　現金　　　　　　　18,000　　　貸方　売上高　　　　　　18,000
◆顧客に300,000円の製品を掛売りした。
　借方　売掛金　　　　　 300,000　　　貸方　売上高　　　　　 300,000
◆納品した600,000円の製品について、検収合格の連絡を受けた。
　借方　売掛金　　　　　 600,000　　　貸方　売上高　　　　　 600,000

◉会計処理上のポイント

　商品や製品等の物品販売は、棚卸資産を譲渡（売却）することなので、製造業の場合、半製品や副産物、作業くず等の売却に伴う収入も売上高に含めます。

　サービス業では「役務提供料」、不動産賃貸業では「賃貸収入」、建設業では「完成工事売上高」のように、業種業態によって特有の科目名を用いる場合もあります。

◉税務上の注意点

　売上高を計上する時期には、業種業態や取引内容によって差異があります。同種の取引には、毎期継続して同じ売上計上基準を適用します。

COLUMN 売上計上基準

◆売上の計上時期
売上を計上して収入を得る事業には、さまざまな業種業態があります。経営管理上の観点や税務上の処理から、売上高の計上時期には、一定のルールがあります。

売上高の計上時期が問題になるのは、たとえば、決算期末の取引を、当期の売上に計上するか、来期に計上するかで、各期の損益が変動する可能性があるからです。

なお、企業会計原則では、「売上高は、実現主義の原則に従い、商品等の販売又は役務の給付によって実現したものに限る」とされています。

以下に代表的な売上計上基準を示します。業種業態に応じて自由に選択できますが、同種の取引には、毎期継続して同じ売上計上基準を適用することになります。

◆物品の売上計上基準
物品等の棚卸資産の譲渡(売却)で一般的な売上計上基準は、商品や製品等の引渡基準(販売基準)と呼ばれます。

引渡基準は、①出荷基準、②納品基準、③検収基準、④据付完了基準などです。

出荷基準は、現金販売だけでなく、掛売りなどで代金を受け取る前でも、商品等を出荷した日に、売上として計上します。

納品基準は、取引先に納品した日に、売上として計上します。この場合、先方からの受領を確認する必要があります。

検収基準は、製造業の製品や特殊な商品等で、顧客側が納入後に検査して、合格品を受け取る場合、検査合格の日に、売上として計上します。

据付完了基準は、据付工事等を必要とする物品を販売して、取引先で据付工事の完了した日に、売上として計上します。

◆サービス業等の売上計上基準
サービス業には、「出荷」という事実がないので、役務提供の完了時(役務完了基準)に売上として計上します。ホテル業や不動産賃貸業の場合は、賃貸期間(時間基準)で売上として計上することになります。

建設業では、原則として、工事の完了時(工事完成基準)に売上として計上しますが、長期間に及ぶ工事では、工事の進行に応じて(工事進行基準)、売上に計上することも認められています。

◆特殊な売上計上基準
委託販売や割賦販売、試用販売、予約販売等の特殊な販売形態には、これらに応じた売上計上基準も認められています。

◎主な売上計上基準

売上計上基準	計上する時期
出荷基準	商品や製品を出荷した日(一般的な売上計上基準)
納品基準	商品や製品を取引先に納品した日
検収基準	商品や製品が取引先の検査に合格して受け取られた日
据付完了基準	取引先での据付工事が完了した日
役務完了基準	サービス業などの役務提供が完了した日
時間基準	ホテルや賃貸物件等の賃貸期間に応じる
工事完成基準	請負の建設工事などで工事が完成して、引渡の完了した日
工事進行基準	長期請負の建設工事などで契約内容や工事の進行に応じる
特殊な販売形態	委託販売、割賦販売、試用販売、延払条件付販売、予約販売等の特殊な販売形態に応じる

借方科目

売上値引高

対象：法人・個人事業者

▶ この科目の概要

　商品や製品の販売に際して、品質不良・量目不足・破損などの問題があった場合に、売上高から値引した金額を計上する科目です。

　販売促進などの目的で値引した金額も、この科目に計上します。

▶ 摘要（主な取引例）

- ◎傷物商品の値引
- ◎品違いによる値引
- ◎商品破損による値引
- ◎ディスカウント販売
- ◎値引販売
- ◎納期遅延による値引
- ◎品質不良による値引
- ◎目方不足による値引
- ◎量目不足による値引

▶ 仕訳例

◆掛売りした商品に不良品が混在していたので、5,000円を値引した。

| 借方 | 売上値引高 | 5,000 | 貸方 | 売掛金 | 5,000 |

◆大量の商品を現金払いで購入してくれた顧客に、総額から1割引の30,000円分を値引した。

| 借方 | 売上値引高 | 30,000 | 貸方 | 現金 | 30,000 |

◆本日の売上30,000円の内訳は、販売促進のために発行した割引券5,000円分と現金25,000円だった。

| 借方 | 現金 | 25,000 | 貸方 | 売上高 | 30,000 |
| | 売上値引高 | 5,000 | | | |

◆商品の売掛金から税込52,500円分を、消費税とともに値引きした。

| 借方 | 売上値引高 | 50,000 | 貸方 | 売掛金 | 52,500 |
| | 仮受消費税 | 2,500 | | | |

▶ 税務上の注意点

　売上値引には、合理的な理由が必要です。品質不良・量目不足・破損等の合理的な理由の伴わない売上値引は、税務調査の際に、接待交際費や寄付金として扱われる可能性があります。

　売上値引高や売上戻り高などは、消費税の課税対象取引になります。

売上戻り高

借方科目

対象：法人・個人事業者

▶ この科目の概要

　商品や製品が、品質不良や破損などの理由で返品された場合に、売上高から控除（除外）する金額を計上する科目です。

　物品を販売しないサービス業の場合も、顧客からの契約取消などに伴って控除（除外）する金額を、この科目に計上します。

▶ 摘要（主な取引例）

◎売上商品の返品　　　◎契約取消による返品　　◎契約変更による返品
◎サービス提供の取消　◎品違い売上による返品　◎納期遅延による返品
◎売買取消による返品　◎品質不良による返品

▶ 仕訳例

◆現金販売した商品から50,000円分が不良品として返品された。

| 借方 | 売上戻り高 | 50,000 | 貸方 | 現金 | 50,000 |

◆納品した製品のうち破損の見つかった3個（6,000円分）が返品された。

| 借方 | 売上戻り高 | 6,000 | 貸方 | 売掛金 | 6,000 |

◆掛売りした商品のうち、100,000円分が品違いで返品された。

| 借方 | 売上戻り高 | 100,000 | 貸方 | 売掛金 | 100,000 |

◆商品Aを納品したところ、うち10個を商品Bに交換したいという連絡があったので、Aの返品を確認後にBを発送した。商品の単価はともに6,000円、売掛金は60,000円に相当する。

| 借方 | 売上戻り高 | 60,000 | 貸方 | 売掛金 | 60,000 |
| | 売掛金 | 60,000 | | 売上高 | 60,000 |

▶ 会計処理上のポイント

　品質不良や破損の見つかった商品や製品を、同じ単価で別の物品と交換するような場合でも、返品分と納品分の金額を相殺せず、それぞれの取引についての金額を計上します。

　なお、返品された物品については、棚卸資産としての期末評価も必要になります。

借方科目

売上割戻し高
（リベート）

対象：法人・個人事業者

▶この科目の概要

　商慣行上行われるリベート（割戻し）支払いに伴う割戻し額を計上する科目です。リベートは、売上割戻し高として売上高から控除できます。

　一定期間に高額大量の取引をした取引先に対して、一定の基準で売上高からの割戻し額を計上します。

▶摘要（主な取引例）
◎売上目標達成金　　　◎売上割戻し　　　　◎販売協力金
◎販売奨励金　　　　　◎販売目標達成金　　◎報奨金
◎リベートの支払い

▶仕訳例
◆決算時に、得意先の今年度売上高に対し、従来の支給基準に従って売上割戻し額3,000,000円を算出して通知した。

　借方 売上割戻し高　　3,000,000　　**貸方** 売掛金　　3,000,000

◆製品10,000点を仕入れた販売店に対して、1点につき100円の割戻しを行い、売掛金から差し引いた。

　借方 売上割戻し高　　1,000,000　　**貸方** 売掛金　　1,000,000

◆商品を現金で大量購入した顧客に対して、現金で1割引分のリベートを支払った。売上高300,000円に対し、売上割戻し30,000円である。

　借方 売上割戻し高　　30,000　　**貸方** 現金　　30,000

▶会計処理上のポイント

　売上割戻し高に計上できるのは、売上高や売掛金の回収等に比例したり、一定の売上高に応じるなどの基準で、得意先に金銭で支出する正式な割戻しに限られます。

▶税務上の注意点

　売上割戻しと同様の基準でも、旅行や観劇の招待、物品の交付、個人への割戻し等を行う場合の費用は、接待交際費とみなされます。

　ただし、交付した物品が、取引先で販売されるか、固定資産として使用されることが明らかな場合には、売上割戻し高として計上できます。

借方科目

期首棚卸高

（商品／製品）　　　　　　　　対象：法人・個人事業者

● この科目の概要

　前期から繰り越された商品・製品・消耗品等の棚卸資産の総額を計上する科目です。前期決算で確定した期末棚卸高を、当期の期首棚卸高として振替処理します。

　損益計算書で売上原価を算出するための内訳科目で、売上原価（仕入高）に加算する金額になります。

● 摘要（主な取引例）

◎器具	◎期首商品棚卸高		◎期首製品棚卸高
◎原材料	◎工具	◎作業くず	◎仕掛品
◎仕損じ品	◎事務用品	◎商品	◎消耗品
◎製品	◎半製品	◎備品	◎副産物

● 仕訳例

◆前期末棚卸高6,000,000円を期首棚卸高に振り替えた。

借方	期首棚卸高	6,000,000	貸方	商品	6,000,000

◆期首棚卸高は4,200,000円で、決算期末に行った実地棚卸によれば、期末棚卸高は3,800,000円だった。

借方	期首棚卸高	4,200,000	貸方	商品	4,200,000
	商品	3,800,000		期末棚卸高	3,800,000

● 会計処理上のポイント

　棚卸高は決算時に振替処理しますが、できれば毎月棚卸高を計上すると、正確に資産を把握できます。期末棚卸高の金額は、決算期末に翌期の期首棚卸高となるので、貸借対照表の棚卸資産として商品や製品の科目に振り替えます。

　事務用品や消耗品などの棚卸も必要ですが、特に通常より増減のないような場合には、棚卸を省略することも可能です。

● 個人事業者の処理

　青色申告決算書では、損益計算書の売上原価に期首商品（製品）棚卸高の記入欄があります。製造業等で原価計算を行っている場合は、「製造原価の計算」の表にも、原材料費の内訳科目として、期首原材料棚卸高の記入欄が設けられています。

仕入高

借方科目

対象：法人・個人事業者

●この科目の概要

　販売目的で購入した事業用の商品や、製造業の製品製造原価等の総額を計上する科目です。仕入に伴う引取運賃や購入手数料、関税などの付随費用（仕入諸掛）は、原則として、仕入高の取得価額に加算して計上します。

　サービス業のような役務を提供する業種では、販売用物品の仕入は発生しませんから、この勘定科目を設けない場合もあります。

●摘要（主な取引例）
- ◎運送保険料
- ◎運送料
- ◎関税
- ◎購入手数料
- ◎商品仕入
- ◎商品仕入関連費用
- ◎製品仕入
- ◎製品仕入関連費用
- ◎荷役費
- ◎引取運賃

●仕訳例

◆商品800,000円分を現金で仕入れた。

借方	仕入高	800,000	貸方	現金	800,000

◆商品500,000円分を掛仕入れして、運賃の50,000円は、引取時に現金で支払った。

借方	仕入高	550,000	貸方	買掛金	500,000
				現金	50,000

◆単価500円の製品を1,000個仕入れ、960個が検査に合格した。

借方	仕入高	480,000	貸方	買掛金	480,000

●会計処理上のポイント

　仕入に伴う付随費用でも、①買入事務・検収・整理・選別・手入れ等の費用、②販売所等から他の販売所等への移管運賃・荷造費等の費用、③特別の時期に販売する等で長期保管する費用などで、購入代価のおおむね3％以内の金額などは、販売費及び一般管理費として計上できます。

●個人事業者の処理

　青色申告決算書では、損益計算書の売上原価に仕入金額（製品製造原価）の記入欄があります。製造業等で原価計算を行っている場合は、「製造原価の計算」の表に、原材料費の内訳科目として、原材料仕入高の記入欄があります。

COLUMN 仕入計上基準と売上原価

◆仕入の計上時期

　仕入高の計上時期には、①入荷基準や②検収基準などの仕入計上基準があります。検査に合格した物品だけを計上する検収基準が確実といえます。この場合、期末に検査中の物品等は、期末在庫から除外します。

◎主な仕入計上基準

仕入計上基準	計上する時期
入荷基準	商品や製品が納品書と共に入荷した日
検収基準	商品や製品を検査して合格した物品を受け取った日

◆売上原価の計算

　売上原価は、商品等を扱う販売業と、製造業などの製造販売や建設業・サービス業のような役務提供など、事業活動で収益を得るための原価部分ですから、業種業態によって内容が異なります。

　一般的に、販売業では仕入原価（商品売上原価）、製造業では製品製造原価を計算します。

　建設業では完成工事原価や未成工事支出金等の科目を用います。

　また、サービス業では、役務原価とも呼ばれますが、仕入に相当する物品はないので、役務提供に要した原価がある場合に、売上原価に相当することになります。

①販売業の場合（仕入原価）
　売上原価＝期首商品棚卸高＋当期商品仕入高－期末商品棚卸高

②製造業の場合（製造原価）
　売上原価＝期首製品棚卸高＋当期製品製造原価－期末製品棚卸高
　当期製品製造原価＝当期総製造費用＋期首仕掛品棚卸高－期末仕掛品棚卸高
　当期総製造費用＝原材料費＋労務費＋経費

◆仕入高から控除できる科目

　以下の①～③は、仕入高から控除できる科目です。
①仕入値引高：品質不良や破損等で仕入先から受ける値引額。
②仕入戻し高：品質不良や破損等の理由で返品した商品の金額。
③仕入割戻し高：多量の仕入れなどに伴って、仕入先から受ける仕入代金の割戻し（リベート）。

　なお、買掛金の早期支払いに伴う値引きに相当する仕入割引は、金融的取引になるので、仕入から控除せず営業外収益に計上します。

◆個別原価計算と総合原価計算

　製造業の場合、生産形態に応じて、個別原価計算と総合原価計算の方法があります。どちらの計算方法を採用しても、原材料費・労務費・経費等の製造費用を計算して、仕掛品勘定に振り替えることになります。
①個別原価計算
　異種製品を個別に受注生産する場合の原価計算の方法です。建設業の完成工事原価の計算などもこの方法に該当します。
②総合原価計算
　同種製品を反復連続的に製造する場合の原価計算に向いています。

Part 2　損益計算書の勘定科目

仕入値引高

貸方科目

対象：法人・個人事業者

◉この科目の概要

　販売などの事業目的で購入した商品や製品等の物品に、品質不良や破損・量目不足などの問題があった場合に、取引先から値引きを受けた金額を計上する科目です。

　仕入高から控除（減額）する金額なので、実務上は、仕入高勘定から直接控除することもできます。

◉摘要（主な取引例）
◎傷物商品値引購入　　　　　　◎品違いによる値引を受けた
◎ディスカウント購入　　　　　◎値引購入
◎納期遅延による値引購入　　　◎破損商品の値引購入
◎品質不良による値引を受けた　◎目方不足による値引を受けた
◎量目不足による値引を受けた

◉仕訳例
◆×社から掛仕入れした商品に、品質不良品が混在していたため20,000円の値引きを受けた。

| 借方 買掛金 | 20,000 | 貸方 仕入値引高 | 20,000 |

◆掛仕入した製品の一部が破損していたので50,000円値引きされた。

| 借方 買掛金 | 50,000 | 貸方 仕入値引高 | 50,000 |

◆掛仕入れした商品から税込52,500円を値引きしてもらった。

| 借方 買掛金 | 52,500 | 貸方 仕入値引高 | 50,000 |
| | | 仮払消費税 | 2,500 |

◉会計処理上のポイント

　仕入値引は、販売目的などで取引先から購入した物品に欠陥があった場合に発生するので、画一的に扱うことはできません。仕入値引高の計上時期は、取引先との間で、値引の合意に達した時点で計上します。

◉税務上の注意点

　仕入値引が行われた場合、当初に仕入計上した時点で、課税仕入れしている消費税分についても控除（減額）する必要があります。

　仕入値引高に伴う消費税額は、仮払消費税として処理します。

貸方科目

仕入戻し高

対象：法人・個人事業者

●この科目の概要

販売などの事業目的で購入した商品や製品等の物品に、品質不良や破損などの問題が見つかって、取引先に返品した金額を計上する科目です。

物品を販売しないサービス業に対しても、契約を取消した場合などに返金されてきた金額を、この科目に計上します。

●摘要（主な取引例）
- ◎契約取消による返品払出
- ◎仕入商品を返品
- ◎納期遅延による返品払出
- ◎品質不良による返品払出
- ◎契約変更による返品払出
- ◎品違い返品払出
- ◎売買取消による返品払出

●仕訳例

◆×社から掛仕入れした商品から、20,000円分の品質不良品が発見されたため直ちに返品した。

| 借方 | 買掛金 | 20,000 | 貸方 | 仕入戻し高 | 20,000 |

◆掛で仕入れた商品について、一部の破損品を仕入先に返品した。破損品の金額は30,000円分だった。

| 借方 | 買掛金 | 30,000 | 貸方 | 仕入戻し高 | 30,000 |

◆現金で仕入れた商品の一部52,500円分（消費税2,500円）に不良品があったので、仕入先に返品した。

| 借方 | 現金 | 52,500 | 貸方 | 仕入戻し高 | 50,000 |
| | | | | 仮払消費税 | 2,500 |

●会計処理上のポイント

返品に伴う仕入戻し高は、仕入高から控除（減額）する金額なので、実務上は、仕入高勘定から直接控除することもできます。

●税務上の注意点

販売目的などで取引先から購入した物品を返品した場合、当初に仕入計上した時点で、課税仕入れしている消費税分についても控除（減額）する必要があります。

仕入戻し高に伴う消費税額は、仮払消費税として処理します。

Part 2 損益計算書の勘定科目

貸方科目

仕入割戻し高
（リベート）

対象：法人・個人事業者

● この科目の概要

　商慣行上行われるリベート（割戻し）を受けた場合の割戻し額を計上する科目です。

　仕入割戻し高は、仕入高から控除する金額なので、実務上は、仕入高勘定から直接控除することもできます。

● 摘要（主な取引例）
◎売上目標達成金　　　◎売上割戻し　　　　◎販売協力金
◎販売奨励金　　　　　◎販売目標達成金　　◎報奨金
◎リベートの受取り

● 仕訳例
◆決算時に、仕入先から今年度売上高に対して、従来の支給基準に従って3,000,000円の仕入割戻しを行う旨の通知を受けた。

|借方| 買掛金　　　　　3,000,000 |貸方| 仕入割戻し高　　3,000,000

◆製品10,000点をまとめて仕入れたところ、1点につき100円の割戻しを行う旨の通知を受けた。

|借方| 買掛金　　　　　1,000,000 |貸方| 仕入割戻し高　　1,000,000

◆商品を現金で大量に仕入れたところ、現金で1割引分となるリベートを受けた。仕入高300,000円に対し、仕入割戻し30,000円である。

|借方| 現金　　　　　　　30,000 |貸方| 仕入割戻し高　　　30,000

● 会計処理上のポイント

　仕入割戻し高に計上できるのは、一定期間の仕入高や大量仕入などの基準によって、取引先から金銭で支払われる正式な割戻しになります。

　仕入割戻しは、仕入値引に準じた処理を行うこととされています。

　仕入割戻し高の計上時期は、算定基準が明示されている場合は、対象となる物品を仕入れた事業年度になりますが、実務上は、仕入先から割戻額の通知を受けた事業年度になります。

● 税務上の注意点

　買掛金の早期支払いに伴う値引きを仕入割引とする場合は、金融的取引に相当するため、仕入から控除せず営業外収益に計上します。

自家消費／家事消費等

貸方科目

対象：個人事業者

◉ この科目の概要

　個人事業者が、事業用の商品や製品・半製品・原材料等を、家事のために使ったり、贈与した場合に、売上高として計上する科目です。

　自家消費の対象は、販売用の商品だけでなく、製品・半製品・原材料等の棚卸資産及び事業用資産の全般になります。

◉ 摘要（主な取引例）

- ◎家事消費
- ◎事業用資産自家消費
- ◎商品自家消費
- ◎商品贈与
- ◎商品で贈答
- ◎製品贈与
- ◎棚卸資産自家消費

◉ 仕訳例

◆店で扱う定価20,000円の商品を親戚の結婚祝に贈った。

| 借方 | 事業主貸 | 20,000 | 貸方 | 家事消費等 | 20,000 |

◆仕入原価20,000円の商品を自家消費した分を売上に計上した。販売価額は30,000円なので、70％の21,000円を計上した。

| 借方 | 事業主貸 | 21,000 | 貸方 | 売上高 | 21,000 |

◉ 個人事業者の処理

　自家消費分や贈与分は、売上高に算入するので貸方に計上し、借方は事業主貸に計上します。事業主貸は、店舗兼住宅や工場兼住宅、事務所兼自宅などの地代・減価償却費・固定資産税・水道光熱費・保険料等の支出で、必要経費にならない部分を計上する科目です。

　青色申告決算書の月別売上（収入）金額及び仕入金額の表に、家事消費等の欄が設けられています。ただし、事業主貸と売上高の内訳科目として計上できますから、自家消費の都度、売上高に含めて計上している場合は、特に家事消費等の欄に記入する必要はありません。

◉ 税務上の注意点

　自家消費分は、原則として、通常の販売価額で売上高に計上しますが、これは、仕入価額との差額部分に、収益が発生している計算になります。そこで、仕入価額と通常の販売価額の70％程度とを比較して、どちらか高い方の金額で計上することも認められています。

貸方科目

期末棚卸高

（商品／製品）　　　　　　　　　　対象：法人・個人事業者

● この科目の概要

　決算時における商品・製品・原材料・消耗品等の棚卸資産の総額を計上する科目です。倉庫内や運搬中の物品等も計上します。

　損益計算書で売上原価を算出するための内訳科目として、売上原価（仕入高）から控除（減額）する金額になります。

● 摘要（主な取引例）

◎器具　　◎期末商品棚卸高　　◎期末製品棚卸高　　◎原材料
◎工具　　◎作業くず　　◎仕掛品　　◎仕損じ品　　◎事務用品
◎商品　　◎消耗品　　◎製品　　◎半製品　　◎備品　　◎副産物

● 仕訳例

◆期首の在庫330,000円が、決算期末の棚卸で在庫280,000円になった。

借方		貸方	
期首棚卸高	330,000	商品	330,000
商品	280,000	期末棚卸高	280,000

◆期末棚卸高の帳簿価額が1,000,000円だが、時価は800,000円なので、決算時に低価法による評価減を行った。

借方		貸方	
商品	1,000,000	期末棚卸高	1,000,000
商品評価損	200,000	商品	200,000

● 会計処理上のポイント

　あらかじめ税務署に届け出ている方法で棚卸資産を評価します。評価方法は、①原価法（取得原価基準）か②低価法（低価基準）を用いて、先入先出法や後入先出法、総平均法、最終仕入原価法などの取得価額の算出方法を適用します。届け出ていない場合は、最終仕入原価法になります。

□最終仕入原価法

期末に最も近い時期に仕入れた
その棚卸資産の取得価額　　×期末棚卸資産の数量＝期末棚卸高

● 個人事業者の処理

　青色申告決算書では、損益計算書の売上原価に期末商品（製品）棚卸高の記入欄があります。製造業等には、「製造原価の計算」の表にも、原材料費の内訳科目に、期末原材料棚卸高の記入欄が設けられています。

借方科目

役員報酬

対象：法人

●この科目の概要

取締役や監査役等の役員に対して、一定の支給基準によって規則的に支給する報酬を計上する科目です。

使用人兼務役員の場合は、使用人分の給料手当と役員としての報酬分に対して、税法上の扱いが異なるので、この科目に区分して計上します。

●摘要（主な取引例）
◎監査役への報酬
◎使用人兼務役員の役員報酬分
◎役員報酬
◎顧問への報酬
◎取締役への報酬

●仕訳例

◆当社の各役員への今月分の報酬の総額3,000,000円から所得税等の預り金600,000円を差し引いて、普通預金から振替支給した。

借方		貸方	
役員報酬	3,000,000	普通預金	2,400,000
		預り金	600,000

◆使用人兼務役員である取締役営業部長の給与600,000円を当座預金から支給した。役員報酬分は200,000円である。なお、所得税等100,000円は差し引いている。

借方		貸方	
役員報酬	200,000	当座預金	500,000
給料手当	400,000	預り金	100,000

●税務上の注意点

業務の対価として極端に高額すぎると考えられる役員報酬は、損金として認められない可能性があります。

また、役員報酬の臨時支給や株主総会の決議等によらない増額等は、役員報酬でなく役員賞与とみなされます。税法上、役員賞与は損金にならないので注意が必要です。

なお、役員の職務につき所定の時期に確定額支給する旨の定めに基づいて支給する給与で、所轄税務所長に届出しているものや、一定の要件を満たす業績連動型報酬は、損金に算入できます。

損益計算書の勘定科目

借方科目

給料手当／賃金

対象：法人・個人事業者

▶この科目の概要

　従業員（社員）に支給される給与・給料・賃金と各種手当の合計額です。金銭だけでなく、源泉徴収対象になる現物給与等も該当します。

　役員は対象になりませんが、使用人兼務役員の場合、使用人部分の給与は、この科目で処理します。

▶摘要（主な取引例）

- ◎各種手当
- ◎家族手当
- ◎給与
- ◎給料
- ◎現物給与
- ◎残業手当
- ◎時間外手当
- ◎従業員給料
- ◎住宅手当
- ◎出向者給料
- ◎出張手当
- ◎使用人兼務役員の使用人部分の給与
- ◎通勤手当
- ◎手当
- ◎歩合給

▶仕訳例

◆今月分の給与総額10,000,000円を全従業員に支給した。源泉税等の預り金2,000,000円は差し引いている。

借方	給料手当	10,000,000	貸方	当座預金	8,000,000
				預り金	2,000,000

◆長期出張した社員に対して、出張手当50,000円を現金で支払った。

借方	給料手当	50,000	貸方	現金	50,000

▶会計処理上のポイント

　通勤手当や出張手当などは、この科目で処理せずに、旅費交通費の科目を用いたり、事業の実態に応じて別途科目を設けて処理することもできます。

　預り金の内訳科目は、源泉徴収する所得税や住民税、社会保険・雇用保険等の本人負担分になります。それぞれを会社が預って、納付期日に納付するので、内訳科目についても記帳管理しましょう。

▶個人事業者の処理

　個人事業者の場合、専従者（親族等）に関しては、専従者給与の科目で処理します。専従者とならない従業員への支給が対象になります。

借方科目

賞与

対象：法人・個人事業者

▶この科目の概要

毎月の給料手当以外に支給する金額を計上する科目です。一般的には、夏と冬のボーナスを計上します。

定期的なボーナスの他にも、決算期末などに臨時支給する一時金なども含まれます。

▶摘要（主な取引例）
◎夏期賞与　　　　　　　◎決算賞与　　　　　　◎従業員賞与
◎使用人兼務役員の賞与（使用人部分）　　　　◎賞与
◎特別賞与　　　　　　　◎年末賞与　　　　　　◎ボーナス

▶仕訳例

◆従業員に冬のボーナスとして総額5,000,000円を支給した。源泉税等の預り金500,000円は控除している。

| 借方 | 賞与 | 5,000,000 | 貸方 | 当座預金 | 4,500,000 |
| | | | | 預り金 | 500,000 |

◆使用人兼務役員である取締役総務部長に対して、他の従業員と同時期に、使用人分の賞与800,000円を支給した。源泉税等の預り金160,000円は差し引いている。

| 借方 | 賞与 | 800,000 | 貸方 | 普通預金 | 640,000 |
| | | | | 預り金 | 160,000 |

▶税務上の注意点

役員への賞与でも、事前確定届出給与や利益連動給与に該当するものは、損金に算入できますが、該当しない役員賞与は損金にできません。

使用人兼務役員への賞与は、他の従業員と同時期に使用人分として適正額の支給なら損金にできます。

▶個人事業者の処理

個人事業者の場合、専従者や生計を一にする親族に対しての賞与は、税法上、損金として認められません。

Part 2 損益計算書の勘定科目

借方科目

雑給／外注工賃

対象：法人・個人事業者

▶ この科目の概要

　アルバイトやパート、嘱託社員等の臨時雇用者に支払う給料手当を、正社員の給料手当と区別して計上する場合に用いる科目です。
　外注工賃は、社外に依頼する場合の支払いを計上する科目です。

▶ 摘要（主な取引例）

◎アルバイト賃金　　　◎外注費用　　　　　　◎契約社員給与
◎嘱託社員給与　　　　◎パート賃金　　　　　◎臨時社員給与

▶ 仕訳例

◆アルバイトの賃金50,000円から、源泉税5,000円を控除して現金支給した。

借方	雑給	50,000	貸方	現金	45,000
				預り金	5,000

◆今月のパート賃金の総額1,000,000円から、源泉税100,000円を差し引いて支給した。

借方	雑給	1,000,000	貸方	当座預金	900,000
				預り金	100,000

▶ 会計処理上のポイント

　給料手当に準じた処理になるので、アルバイトやパートに対しても、正社員同様に給料手当の科目で処理することも可能です。
　ただし、社会保険の本人負担分の預り金処理のように、正社員と異なる部分がある場合は、混乱を避けるため、この科目に区分して計上するなど、実態に応じて使い分けましょう。

▶ 個人事業者の処理

　青色申告決算書では、損益計算書の経費の内訳科目に外注工賃の記入欄が設けられています。製造業等の場合は、「製造原価の計算」の表にも、その他の製造経費の内訳科目として、外注工賃の記入欄があります。

借方科目

退職金

対象：法人・個人事業者

◉ この科目の概要

従業員や役員の退職に際して支払う退職金（退職一時金・退職年金）の金額を計上する科目です。

◉ 摘要（主な取引例）
◎従業員退職金　　　　◎退職金　　　　　　◎退職年金
◎適格退職年金　　　　◎役員退職慰労金

◉ 仕訳例

◆定年退職した従業員に、退職金3,000,000円を支払った。源泉税100,000円は控除している。

借方	退職金	3,000,000	貸方	普通預金	2,900,000
				預り金	100,000

◆退職した社員に500,000円の退職金を支給した。この社員には、300,000円の退職給付引当金を設定している。

借方	退職給付引当金	300,000	貸方	当座預金	500,000
	退職金	200,000			

◆退職する役員1名に対し、10,000,000円の退職金支給が株主総会で決議された。退職金の支給は、まだ行われていない。

借方	退職金	10,000,000	貸方	未払金	10,000,000

◉ 会計処理上のポイント

　従業員への退職金は、就業規則や労働協約等の退職金規定によりますが、役員への退職金は、報酬に当たるため定款の定めか株主総会の決議が必要です。

　また、従業員への退職金は、退職日の属する事業年度の損金として計上できますが、役員への退職金は、原則として、株主総会の決議等で、退職金額を確定した日の事業年度に損金処理することになります。

◉ 税務上の注意点

　退職金には、退職所得だけでなく、退職年金や相続財産と見なされるものも含まれます。金銭の支給だけでなく、資産その他の経済的利益も退職金としての支給範囲に含まれることに注意しましょう。なお、全額損金算入の適格退職年金制度は、平成24年3月末に廃止されます。

借方科目

法定福利費

対象：法人・個人事業者

▶ この科目の概要

　健康保険や厚生年金保険、雇用保険・労災保険などの法定保険料のうち、企業や個人事業主の負担分を計上する科目です。健康保険と厚生年金の総称が社会保険、雇用保険と労災保険の総称が労働保険です。

▶ 摘要（主な取引例）

- ◎介護保険料
- ◎厚生年金保険料（事業主負担分）
- ◎児童手当拠出金
- ◎身体障害者雇用納付金
- ◎労災保険料
- ◎健康保険料（事業主負担分）
- ◎雇用保険料（事業主負担分）
- ◎社会保険料（事業主負担分）
- ◎法定補償費
- ◎労働保険料（事業主負担分）

▶ 仕訳例

◆健康保険料と厚生年金保険料の合計600,000円を現金で納付した。事業主負担分と本人負担分は、それぞれ300,000円である。

借方		貸方	
法定福利費	300,000	現金	600,000
預り金	300,000		

◆労災保険と雇用保険の概算保険料500,000円を現金で支払った。本人負担分は60,000円で処理している。

借方		貸方	
法定福利費	440,000	当座預金	500,000
立替金	60,000		

◆社会保険料の会社負担分200,000円を未払計上した。

借方		貸方	
法定福利費	200,000	未払費用	200,000

▶ 会計処理上のポイント

　従業員（社員）に対する法定の福利厚生費用なので、この科目を設けずに、福利厚生費の科目にまとめることも可能です。

　事業主負担分は、給料の支給時に未払費用として計上し、納付日までに払い込みます。従業員負担分は、預り金や立替金で処理します。

　概算保険料は、確定時の過不足額を、申告日か納付日の事業年度で処理できます。

福利厚生費

借方科目

対象：法人・個人事業者

● この科目の概要

従業員（社員）や役員の健康・衛生・冠婚葬祭・生活・慰安等に対応するため、摘要は広範囲です。消耗品費との区分が難しい場合は、どちらかの科目に仕訳して、以後、毎期継続して同じ科目に計上します。

業務上必要な資格・免許の取得費用も、適正な金額なら計上できます。

● 摘要（主な取引例）

◎慰安旅行費用　◎運動会費用　◎お茶代（社内）　◎教育訓練費
◎共済制度掛金　◎勤続者表彰記念品代　◎クリーニング代
◎慶弔見舞金　◎結婚祝い（社内）　◎健康診断費用　◎研修費
◎香典（社内）　◎コーヒー代（社内）　◎サークル活動補助金
◎資格取得費用　◎社員寮諸費用　◎社員旅行費用
◎社会保険料（事業主負担分）　◎社宅諸費用　◎出産祝い（社内）
◎常備医薬品等　◎食事支給　◎新年会費用　◎制服代　◎石鹸代
◎中小企業退職金共済掛金　◎トイレットペーパー代　◎同好会補助費
◎忘年会費用　◎賄費　◎見舞金（社内）　◎免許取得費用
◎ユニフォーム代　◎予防接種費用　◎労働保険料（事業主負担分）

● 仕訳例

◆会社全体の忘年会費用としての300,000円と、その後に一部の社員が参加した二次会費用の50,000円を現金で支払った。

借方		貸方	
福利厚生費	300,000	現金	350,000
接待交際費	50,000		

● 会計処理上のポイント

法定福利費の科目を設けていない場合は、この科目に計上します。

社内の全員（役員・従業員）を対象にする費用です。社外の人や一部の人が負担すべき費用を会社で支払った場合、福利厚生費でなく、接待交際費や給料手当に該当するので注意しましょう。

● 税務上の注意点

海外への慰安旅行に対しても、不相応に多額でなければ、①現地滞在日数4泊5日以内、②役員・従業員の参加割合50％以上の要件で、この科目に計上できます。

借方科目

旅費交通費

対象：法人・個人事業者

● この科目の概要

　業務に利用した電車・バス・タクシー等の交通費を計上する科目です。その他に、出張や転勤に伴う諸経費等も含まれます。領収書のないものは、精算書等への記録が必要です。

　一時的なパーキング等の料金は、この科目に計上しますが、月極駐車場等の料金は地代家賃で処理します。

● 摘要（主な取引例）

- ◎ 回数券
- ◎ 仮払出張費精算
- ◎ 航空料金（出張）
- ◎ 出張手当
- ◎ 食事代（出張）
- ◎ 通勤手当
- ◎ 電車賃
- ◎ パスポート交付手数料
- ◎ 有料駐車場料金

- ◎ ガソリン代
- ◎ 帰郷旅費
- ◎ 高速道路料金
- ◎ 出張日当
- ◎ 滞在費（出張）
- ◎ 通行料金
- ◎ パーキング料金
- ◎ ビザ取得費
- ◎ 有料道路料金

- ◎ 仮払出張費
- ◎ 空港使用料
- ◎ 宿泊費（出張）
- ◎ 出張旅費
- ◎ タクシー代
- ◎ 定期券代
- ◎ バス代
- ◎ 赴任旅費

● 仕訳例

◆給料日に全従業員の通勤手当総額500,000円を実費支給した。このなかで非課税限度額を超える金額の総額は30,000円になる。

借方	旅費交通費	470,000	貸方	当座預金	500,000
	給料手当	30,000			

◆出張から戻った社員に、旅費規程にもとづく出張日当10,000円を現金で支給した。

借方	旅費交通費	10,000	貸方	現金	10,000

● 税務上の注意点

　通勤手当や出張手当は、通常、給料手当に計上しますが、実態に即して、別途科目を設けることも可能です。ただし、通勤手当の非課税限度額を超える部分の金額は、給与所得として課税対象になります。

　なお、出張だけでなく、観光を兼ねるような場合には、双方の日数に応じた按分処理が必要です。

通信費

借方科目

対象：法人・個人事業者

● この科目の概要

電話・郵便・書類送付に伴う料金等を計上する科目です。

切手や葉書は、購入時に経費処理して、決算時に未使用分を棚卸資産の貯蔵品に計上します。ただし、未使用分が少なく、決算以降1年以内に消費すると見込まれる場合は、通常、棚卸の必要はありません。

● 摘要（主な取引例）

- ◎インターネット料金
- ◎携帯電話通話料
- ◎国際宅配便（書類）
- ◎宅配便（書類）
- ◎テレホンカード購入
- ◎内容証明料金
- ◎ファクシミリ料金
- ◎ゆうパック料金
- ◎料金別納郵便
- ◎書留料金
- ◎航空郵便料
- ◎小包料金（書類）
- ◎通話料金
- ◎電報料金
- ◎バイク便費用（書類）
- ◎プロバイダー料金
- ◎郵便切手
- ◎切手代
- ◎公衆電話代
- ◎速達料金
- ◎通信料金
- ◎電話料金
- ◎葉書代
- ◎郵送料
- ◎郵便料金

● 仕訳例

◆現金で10,000円分の切手を購入した

借方 通信費　　　10,000　　**貸方** 現金　　　10,000

◆電話料金100,000円が普通預金から引き落とされた。

借方 通信費　　　100,000　　**貸方** 普通預金　　　100,000

● 会計処理上のポイント

請求書の日付でも銀行振替日でも計上できる電話料金やインターネット料金などの通信費用は、計上時期をどちらか一方に定めて、以後、毎期継続して処理します。この場合、請求書の日付で計上するのは、発生主義の扱いになるので、まず未払金として処理することになります。

なお、ダイレクトメール費用としての郵便料金は、支出の目的に応じると、この科目より広告宣伝費に計上する方が適切な処理になります。

Part 2　損益計算書の勘定科目

借方科目

販売促進費

対象：法人・個人事業者

▶ この科目の概要

　売上の増加や商品の販売促進を目的とする販売奨励金や特約店に対する販売手数料・情報提供料などを計上する科目です。

　販売促進に関わる費用の総称になるため、接待交際費や広告宣伝費、会議費、見本品費用等との区分が難しくなります。この科目を設ける場合、特に接待交際費との区分に注意しましょう。

▶ 摘要（主な取引例）

- ◎アウトソーシング費用（販売促進）
- ◎景品付販売費用
- ◎少額景品
- ◎販売促進費の支払い
- ◎コンパニオン費用
- ◎情報提供料の支払い
- ◎リベートの支払い
- ◎売上奨励金の支払い
- ◎紹介料の支払い
- ◎抽選付販売費用

▶ 仕訳例

◆商品の販売促進のため、特定地域の得意先数社に総額500,000円の販売奨励金を小切手で支払った。

| 借方 | 販売促進費 | 500,000 | 貸方 | 当座預金 | 500,000 |

◆新商品説明会のコンパニオン費用150,000円を、派遣会社の口座に振り込んだ。

| 借方 | 販売促進費 | 150,000 | 貸方 | 当座預金 | 150,000 |

▶ 会計処理上のポイント

　売上高や売掛金の回収等に比例したり、一定の売上高に応じるなどの基準で、得意先に金銭で支出する正式な割戻し（リベート）は、通常、売上割戻し高の科目で、売上高から控除します。

▶ 税務上の注意点

　販売促進費は、税務調査で指摘されやすい科目です。支出の目的に応じて、広告宣伝費や接待交際費など、該当する科目に計上しましょう。

　販売促進費は損金に算入できます。ただし、名目は販売促進費でも、実態が得意先に対する接待旅行や観劇等への招待など、支出の目的が接待交際費に該当する場合は、この科目に計上できません。

　接待交際費に該当する場合、法人は損金算入に制限があります。

借方科目

荷造運賃

対象：法人・個人事業者

●この科目の概要

商品や製品の出荷・発送に伴う付随費用（売上諸掛）である梱包費用や運送費等の荷造に関わる費用を計上する科目です。

荷造材料費と発送運賃のような科目名を用いて、それぞれを区分して計上することも可能です。

不良品等が返送された際の引取費用も、この科目に計上します。

●摘要（主な取引例）

◎エアクッション代　◎ガムテープ代　◎航空貨物運賃
◎小包料金（商品発送）　◎コンテナ代　◎梱包材代金
◎梱包費用　◎船舶運賃（商品発送）　◎宅配便費用（商品発送）
◎ダンボール箱代　◎着払い運賃　◎テープ代（荷造用）
◎転勤費用（社内規程内）　◎トラック便運賃　◎バイク便費用
◎発送運賃　◎発泡スチロール代（荷造用）　◎包装材費用
◎輸出関係手数料

●仕訳例

◆荷造用の段ボール箱やガムテープ等を購入して、代金30,000円を現金で支払った。

借方 荷造運賃　　　　30,000　　**貸方** 現金　　　　　30,000

◆得意先に新製品を発送して、運送会社から50,000円の請求書を受け取った。

借方 荷造運賃　　　　50,000　　**貸方** 未払金　　　　50,000

●会計処理上のポイント

諸掛とは、商品や製品の売買に伴う運賃や梱包費用、運送費・運送保険料等の付随費用のことです。売上に伴う梱包費用や運送費等の荷造に関わる付随費用（売上諸掛）は、この科目に計上します。

なお、仕入に関する運賃等の付随費用（仕入諸掛）は、この科目ではなく、原則として、仕入高に算入します。ただし、①買入事務・検収・整理等の費用、②販売所等から他の販売所等に移管した運賃・荷造費用、③特別の時期に販売するため長期保管するための費用で、購入金額のおおむね3％以内の場合は、仕入高に算入せず、この科目に計上できます。

広告宣伝費

借方科目

対象：法人・個人事業者

▶ この科目の概要

　不特定多数の一般消費者に対して、商品・製品・役務（サービス）等を告知するような、広告宣伝効果を目的とした支出を計上する科目です。
　取引先等に提供する見本品などの費用も計上できますが、特定の相手を対象に提供する場合は、接待交際費になるので注意しましょう。

▶ 摘要（主な取引例）

- ◎IR費用
- ◎会社案内作成費
- ◎看板（少額小型）
- ◎広告用写真代
- ◎試供品提供
- ◎ダイレクトメール費用
- ◎手帳（社名入り）
- ◎展示会出品費用
- ◎PR費用
- ◎ポスター制作費
- ◎ライター（店名入り）
- ◎うちわ（社名入り）
- ◎カタログ制作費
- ◎キャンペーン費用
- ◎雑誌広告掲載料
- ◎新聞広告掲載料
- ◎タオル（社名入り）
- ◎手ぬぐい（社名入り）
- ◎中吊り広告費用
- ◎ビラ印刷配布代
- ◎マッチ（店名入り）
- ◎ラジオ広告放送料
- ◎横断幕制作費
- ◎カレンダー（社名入り）
- ◎求人広告費用
- ◎シール代（店名入り）
- ◎扇子（社名入り）
- ◎チラシ印刷折込代
- ◎テレビ広告放送料
- ◎パンフレット（宣伝用）
- ◎福引券印刷費
- ◎見本品提供

▶ 仕訳例

◆ダイレクトメールの製作・発送料金300,000円を支払った。

| 借方 | 広告宣伝費 | 300,000 | 貸方 | 普通預金 | 300,000 |

◆商店街で行う福引の協賛金30,000円を現金で支払った。

| 借方 | 広告宣伝費 | 30,000 | 貸方 | 現金 | 30,000 |

▶ 税務上の注意点

　広告塔やネオンサイン等を設置した場合、資産計上基準以上のものは、固定資産になりますから減価償却の対象になります。
　なお、特約店等に対して、広告宣伝用の看板や陳列棚、自動車等を寄贈した費用は、繰延資産として償却することになります。

借方科目

接待交際費

対象：法人・個人事業者

● この科目の概要

接待費や交際費の科目を用いることもあります。得意先や仕入先、その他事業に関連する取引先等への接待や交際等に支出した金額を計上する科目です。中元・歳暮等の贈答から慶弔、供応・慰安等、この科目の摘要は広範囲です。

たとえ他の科目に仕訳した支出でも、実態が接待交際費になる場合、法人の損金算入は制限されるので、特に注意しましょう。

● 摘要（主な取引例）

◎飲食代（接待）　◎御歳暮費用　◎御中元費用　◎観劇招待（取引先）
◎記念式典諸費用　◎結婚祝い（取引先）　◎香典（得意先）　◎ゴルフ会員権名義書換料　◎ゴルフクラブ年会費　◎ゴルフプレー費用（接待）
◎謝礼金　◎商店街営業補償　◎食事代（接待）　◎新築祝い（取引先）
◎親睦旅行（取引先）　◎歳暮費用　◎接待用送迎交通費
◎餞別代（取引先）　◎総会屋へ支払い　◎創立記念日招待費用
◎中元費用　◎得意先接待費用　◎見舞金（取引先）
◎土産代（取引先）　◎ライオンズクラブ会費　◎旅行招待（取引先）
◎レジャークラブ会費（接待）　◎ロータリークラブ会費

● 仕訳例

◆取引先の接待に現金30,000円を支出した。
借方 接待交際費　　　　30,000　　**貸方** 現金　　　　　30,000
◆取引先の創立記念日に招待されたので、祝い金50,000円を持参した。
借方 接待交際費　　　　50,000　　**貸方** 現金　　　　　50,000

● 税務上の注意点

個人事業者の場合、接待交際費の全額が損金として認められています。

法人の場合、資本金1億円を超えると、接待交際費は損金不算入です。

資本金1億円以下なら、平成20年3月31日までの間に開始する各事業年度は、接待交際費の合計が400万円に達するまで、その90％を損金に算入できます。また、これらの事業年度に限り、1人当たり5,000円以下で、同一企業の役員や従業員の接待等に支出するものでない飲食費を損金に算入できる措置が設けられています。

借方科目

会議費

対象：法人・個人事業者

▶ この科目の概要

業務に関連して行う会議・打合せに支出した金額を計上する科目です。飲食を伴うような会議でも、昼食程度の飲食費等は、会議費として計上できます。

▶ 摘要（主な取引例）

- ◎飲食代（会議）
- ◎会議関連費
- ◎会議資料代
- ◎会議通知費用
- ◎会場使用料（会議）
- ◎コーヒー代（会議）
- ◎新製品説明会議費用
- ◎茶菓子代（会議）
- ◎取引先と打ち合わせ費用
- ◎弁当代（会議）
- ◎来客食事代（会議）

▶ 仕訳例

◆経営会議のコーヒー代5,000円を現金で支払った。

| 借方 | 会議費 | 5,000 | 貸方 | 現金 | 5,000 |

◆昼食をはさんだ会議の参加者に弁当を出して、代金10,000円を現金で支払った。

| 借方 | 会議費 | 10,000 | 貸方 | 現金 | 10,000 |

◆販売戦略会議のため会場使用料200,000円と、遠隔地から出席した取引先の交通費100,000円、宿泊費200,000円を小切手で支払った。

| 借方 | 会議費 | 500,000 | 貸方 | 当座預金 | 500,000 |

▶ 会計処理上のポイント

会議費と接待交際費の区分は、その実態によります。業務上必要な会議で、昼食や茶菓子の他に、食前酒等の酒類が含まれても、常識的な金額の場合は、会議費として計上できます。

▶ 税務上の注意点

会議としての実態を伴わずに、宴会やパーティーになっている場合は、金額の多寡によらず会議費として認められません。税務調査で、接待交際費や役員賞与とされるので注意が必要です。

借方科目

車両関係費

対象：法人・個人事業者

▶この科目の概要

　社有車など業務用の車両運搬具に関わるガソリン・軽油等の燃料費や車検・修理・保険・税金等の維持管理費を一括して管理する場合に用いる科目です。
　車両費や車両維持費のような科目名を用いる場合もあります。

▶摘要（主な取引例）
- ◎オイル代
- ◎自動車購入諸費用
- ◎修理費用（車両）
- ◎タイヤ購入
- ◎パンク修理代（車両）
- ◎ガソリン代
- ◎車検費用
- ◎重油代（車両）
- ◎通行料金
- ◎軽油代（車両）
- ◎車庫証明費用
- ◎整備費用（車両）
- ◎定期点検費用（車両）

▶仕訳例

◆営業車のガソリン代6,000円を現金で支払った。

| 借方 | 車両関係費 | 6,000 | 貸方 | 現金 | 6,000 |

◆営業用トラックの車検費用230,000円を小切手で支払った。

| 借方 | 車両関係費 | 230,000 | 貸方 | 当座預金 | 230,000 |

◆営業車の修理費用50,000円を振り込んだ。

| 借方 | 車両関係費 | 50,000 | 貸方 | 普通預金 | 50,000 |

▶会計処理上のポイント

　車両運搬具に関わる費用を、一括して管理する必要がない場合は、この科目を設けず、ガソリン代や通行料金は旅費交通費、車検費用や修理費用は修繕費のように、それぞれ該当する科目に計上します。

▶税務上の注意点

　業務用に保有しているガソリンや軽油等の燃料を、区分して計上する場合は、別途、車両燃料費等の科目を設けて支出を明確にします。
　会社保有の燃料は、消費量を損金に計上し、決算時に未使用分を棚卸資産の貯蔵品に計上します。

Part 2 損益計算書の勘定科目

水道光熱費

借方科目

対象：法人・個人事業者

● この科目の概要

業務用に使用する水道・電気・ガス料金等を計上する科目です。光熱費や電力費、水道料金等の科目名で区分して計上することもできます。

製造原価計算を行う事業では、製造経費の計上分と販売費及び一般管理費の計上分を区分して処理する必要があります。

● 摘要（主な取引例）

- ◎ガス料金
- ◎重油代（冷暖房用）
- ◎電気料金
- ◎冷房費
- ◎軽油代（冷暖房用）
- ◎水道料金
- ◎灯油代
- ◎下水道料金
- ◎暖房費
- ◎プロパンガス料金

● 仕訳例

◆水道料金40,000円が普通預金口座から引き落とされた

| 借方 | 水道光熱費 | 40,000 | 貸方 | 普通預金 | 40,000 |

◆電気料金80,000円が当座預金口座から引き落とされた。

| 借方 | 水道光熱費 | 80,000 | 貸方 | 当座預金 | 80,000 |

◆事務所兼自宅の水道光熱費40,000円が普通預金口座から引き落とされた。按分率は、事務所50％、自宅50％で計上している。

| 借方 | 水道光熱費 | 20,000 | 貸方 | 普通預金 | 40,000 |
| | 事業主貸 | 20,000 | | | |

● 会計処理上のポイント

計上時期は、請求書の日付か銀行振替日のどちらか一方に定めて、以後、毎期継続して処理します。請求書の日付で計上するのは、発生主義の扱いになるので、まず未払金として処理することになります。

● 個人事業者の処理

個人事業者は、店舗兼住宅や工場兼住宅、事務所兼自宅などに関わる支出を、事業分と家事分に按分して、事業分を計上できます。

按分率は、事業者自身で決定しますが、事業に使用する比率として妥当な割合になるようにします。

COLUMN 家事関連費の経費算入

◆個人事業者の家事関連費

個人事業者の場合、地代家賃や水道光熱費、通信費、火災保険料、接待交際費など、事業と家事の両方に関わる支出が発生します。このような費用が、家事関連費です。

所得税法施行令で「主たる部分が業務の遂行上必要」かつ「業務に必要な部分を明らかに区分できる経費」は、家事関連費から必要経費として算入することが認められています。

●「主たる部分」と「明らかに区分」の条件

「主たる部分」は「業務の内容、経費の内容、家族及び使用人の構成、店舗併用の家屋その他の資産の利用状況等を総合勘案して判定」します。

「業務の遂行上必要」は、「支出する金額のうち当該業務の遂行上必要な部分が50%を超えるかどうかにより判定」しますが、さらに「50％以下でも、必要である部分を明らかに区分することができる場合には、当該必要である部分に相当する金額を必要経費に算入して差し支えない」と規定されています。

家事関連費でも「必要な部分を明らかに区分」できれば必要経費に算入できるわけです。区分できない場合は、必要経費に算入できません。

●青色申告と白色申告の違い

個人事業者の確定申告には、事業所得を計算する記帳の方法に応じて、青色申告と白色申告の区分があります。

青色申告は、税務署の承認を受けて、正規の簿記(複式簿記)の原則に従って記帳するので、様々な税法上の優遇措置を受けます。この要件に当てはまらない個人事業者は、白色申告になります。

白色申告の場合、事業に必要な部分が支出金額の50％を超えるか、必要な部分を明らかに区分できないと、家事関連費の経費算入は難しくなります。青色申告の場合は、上記の他に、帳簿の取引記録等から事業分であることを明らかにできる部分を必要経費に算入できます。

●経費算入の按分率

青色申告の個人事業者は、事業分と家事分に応じた比率(按分率)を決めて、家事関連費を按分し、事業分を必要経費として各勘定科目に計上できます。按分率は、個人事業者の判断で決定できます。

事業分の比率が多ければ、課税所得を抑えて節税できますが、実態に即した合理的な基準が必要になります。具体的には、建物内の事業分と家事分の使用面積や保険金額、電気の利用時間や水道の使用割合などに応じて、適切な基準を設けます。

適切な按分率なら、税務調査等でも妥当と判断されます。

◎主な家事関連費

家事関連費

(例)地代家賃・水道光熱費・通信費・火災保険料・接待交際費・新聞図書費

◎家事関連費を必要経費に算入する要件

白色申告および青色申告

主たる部分が事業所得を生ずべき業務の遂行上必要で、かつ、必要部分を明らかに区分できる場合

▼

主たる部分等の判定

業務の内容、経費の内容、家族及び使用人の構成、店舗併用の家屋その他の資産の利用状況等を総合勘案して判定

業務の遂行上必要な部分

支出する金額のうち業務の遂行上必要な部分が50%を超えるかどうかにより判定
ただし、必要な部分の金額が50％以下でも、必要である部分を明らかに区分することができる場合

青色申告のみ

取引の記録等に基づいて、業務の遂行上直接必要であったことが明らかにされる部分

Part 2 損益計算書の勘定科目

借方科目

消耗品費

対象：法人・個人事業者

▶この科目の概要

　業務に使用する消耗品の費用を計上する科目です。事務用品の科目を設けている場合、事務用品を区別して、この科目には消耗品だけを計上します。
　製造原価計算を行う事業では、製造経費の計上分と販売費及び一般管理費の計上分を区分して処理する必要があります。

▶摘要（主な取引例）

◎椅子購入　　　◎ガラス代　　　◎キャビネット代　　◎蛍光灯代
◎コーヒー代　　◎作業用手袋購入　◎自転車購入　　　◎事務用机購入
◎事務用品購入　◎消耗品購入　　◎書棚購入　　　　◎スリッパ代
◎石鹸代　　　◎洗剤代　　　◎台車購入　　　　◎テープ代（荷造以外）
◎電球代　　　◎電池代　　　◎トイレットペーパー代　◎のし袋
◎フィルム代　　　　　　　　◎ホワイトボード購入　◎ロッカー代

▶仕訳例

◆事務用机を購入して代金32,000円を現金で支払った。

| 借方 | 消耗品費 | 32,000 | 貸方 | 現金 | 32,000 |

◆年度末の工場棚卸で、作業用工具180,000円分が未使用で残っていた。これは費用として、消耗品費に計上している。

| 借方 | 貯蔵品 | 180,000 | 貸方 | 消耗品費 | 180,000 |

◆まとめ買いしたコピー用紙や筆記具等の事務用品が、決算期末に120,000円分残っていた。

| 借方 | 貯蔵品 | 120,000 | 貸方 | 消耗品費 | 120,000 |

▶会計処理上のポイント

　大量の事務用品や消耗品扱いの工具等を年度末に貯蔵している場合は、原則として、貯蔵品に振り替えます。ただし、継続して適用することを条件に、取得時の費用として計上することも可能です。

▶税務上の注意点

　使用可能期間が1年未満または取得価額10万円未満の工具器具備品等は、少額な減価償却資産に該当しますから、減価償却せずに消耗品費として、使用開始年度に取得価額を全額計上できます。

租税公課

借方科目

対象：法人・個人事業者

▶この科目の概要

必要経費に算入する税金等の支払額で、①消費税、②固定資産税、③自動車税、④不動産取得税、⑤地価税、⑥登録免許税、⑦印紙税、⑧事業税等です。

▶摘要（主な取引例）

◎印紙税　　　　◎延滞税　　　　　　◎外国税　　　　　◎加算税
◎源泉税　　　　◎固定資産税　　　　◎事業所税　　　　◎事業税
◎自動車税　　　◎収入印紙　　　　　◎地価税　　　　　◎登録免許税
◎道路占有料　　◎特別地方消費税　　◎特別土地保有税　◎都市計画税
◎不動産取得税　◎利子税

▶仕訳例

◆200,000円分の収入印紙を購入した。

借方 租税公課　　200,000　　**貸方** 現金　　200,000

◆社用車全部の自動車税200,000円を現金で納付した。

借方 租税公課　　200,000　　**貸方** 現金　　200,000

◆固定資産税第1期納期分500,000円を納付した。

借方 租税公課　　500,000　　**貸方** 普通預金　　500,000

▶会計処理上のポイント

収入印紙は、切手同様に郵便局等で購入することになりますが、切手は通信費の科目に計上することになります。決算時に高額の収入印紙を大量に保管している場合は、貯蔵品の科目に振り替えます。

▶税務上の注意点

法人税や地方税（道府県民税、市町村民税）は、「法人税、住民税及び事業税」の科目に計上します。利益を課税標準とする事業税も「法人税、住民税及び事業税」の科目に計上します。消費税を税込方式で処理している場合の納税額は、この科目に計上します。

▶個人事業者の処理

個人事業者等の事業税は租税公課ですが、所得税や住民税は、租税公課に含めず事業主貸勘定で処理します。

Part 2　損益計算書の勘定科目

借方科目

新聞図書費

対象：法人・個人事業者

▶この科目の概要

新聞・書籍・雑誌等の代金を計上する科目です。

社会情勢や業界動向等、事業活動に伴う情報収集のために購読する新聞・雑誌の他、業務に使用する地図等の費用も計上できます。

▶摘要（主な取引例）

- ◎官報購入
- ◎雑誌購入
- ◎書籍購入
- ◎新聞購読料
- ◎地図購入
- ◎定期刊行物購読料
- ◎統計資料購入

▶仕訳例

◆新聞購読料12,000円を現金で支払った。

| 借方 | 新聞図書費 | 12,000 | 貸方 | 現金 | 12,000 |

◆専門誌の購読料20,000円を預金口座から振り込んだ。

| 借方 | 新聞図書費 | 20,000 | 貸方 | 普通預金 | 20,000 |

◆業務で使用する住宅地図と道路地図を購入し、代金として現金8,000円を支払った。

| 借方 | 新聞図書費 | 8,000 | 貸方 | 現金 | 8,000 |

▶会計処理上のポイント

新聞図書費に関する支出金額が少額で、この科目を設けるほどの重要性を持たない場合には、雑費に計上して処理することもできます。

借方科目

地代家賃

対象：法人・個人事業者

● この科目の概要

土地・建物等の不動産賃借料を計上する科目です。不動産賃借に伴う権利金は、繰延資産として5年間ないしは賃借期間で償却します。

月極駐車場料金も、この科目に該当しますが、別に科目を設けることもできます。

● 摘要（主な取引例）

- ◎事務所家賃
- ◎借室料
- ◎借地料
- ◎車庫代
- ◎社宅家賃の支払い
- ◎倉庫賃借料
- ◎賃貸家賃
- ◎月極駐車場料金
- ◎駐車場賃借料
- ◎道路占有料
- ◎家賃の支払い

● 仕訳例

◆月極駐車場の料金60,000円を現金で支払った。

借方		貸方	
地代家賃	60,000	現金	60,000

◆事務所を賃借して、家賃300,000円と権利金600,000円、敷金と仲介手数料で各1か月分を小切手で支払った。

借方		貸方	
地代家賃	300,000	当座預金	1,500,000
敷金	300,000		
権利金（繰延資産）	600,000		
支払手数料	300,000		

◆家賃200,000円、敷金2か月分、仲介手数料2か月分の合計1,000,000円を支払って、事務所兼自宅としてマンションを賃借した。按分率は事務所50％、自宅50％で計上している。

借方		貸方	
地代家賃	100,000	現金	1,000,000
敷金	200,000		
支払手数料	200,000		
事業主貸	500,000		

● 個人事業者の処理

個人事業者は、店舗兼住宅や工場兼住宅、事務所兼自宅などに関わる支出を、事業分と家事分に按分して、事業分を計上できます。按分率は、事業者自身で、事業に使用する比率として妥当な割合を決定します。

借方科目

支払手数料

対象：法人・個人事業者

●この科目の概要

外部の専門家などに、業務を委託した場合の顧問料や手数料等を計上する科目です。

弁護士、税理士、会計士、司法書士、コンサルタント等に支払う報酬の他、銀行の振込手数料や警備会社、清掃会社等への支払いも計上できます。

●摘要（主な取引例）

◎斡旋費用の支払い　◎監査報酬（法定監査等）　◎鑑定費用
◎経営コンサルタント報酬　◎公認会計士報酬　◎市場調査委託料
◎司法書士報酬　◎事務取扱い手数料の支払い　◎社会保険労務士報酬
◎税理士決算報酬　◎税理士顧問料　◎送金手数料
◎仲介手数料　◎登録手数料　◎取立手数料
◎不動産鑑定士報酬　◎振込手数料　◎弁護士報酬
◎弁理士報酬　◎預金振替手数料

●仕訳例

◆銀行振込の手数料105円が普通預金から引き落とされた。

| 借方 | 支払手数料 | 105 | 貸方 | 普通預金 | 105 |

◆顧問税理士に今月分の顧問料50,000円を、源泉税の差引後、小切手で支払った。

| 借方 | 支払手数料 | 50,000 | 貸方 | 当座預金 | 45,000 |
| | | | | 預り金 | 5,000 |

◆警備会社に今月分の警備料60,000円が口座から引き落とされた。

| 借方 | 支払手数料 | 60,000 | 貸方 | 当座預金 | 60,000 |

●会計処理上のポイント

頻繁に発生する振込手数料や多額な費用がある場合には、別途、科目を設けて処理を効率化しましょう。

税理士や弁護士など、個人への支払いは、源泉徴収分を預り金に計上します。法人に対しての源泉徴収は不要です。

借方科目

諸会費

対象：法人・個人事業者

▶この科目の概要

業務上必要な同業者団体や商工会議所、町内会、クラブ等の団体に支払った会費を計上する科目です。

同業者団体等に入る際に支払った加入金は、繰延資産に計上します。償却期間は5年です。

▶摘要（主な取引例）
- ◎協賛金
- ◎組合費
- ◎自治会費
- ◎商店連合会会費
- ◎定例会費
- ◎納税協会会費
- ◎防犯協会会費
- ◎協同組合会費
- ◎クラブ会費
- ◎商業組合会費
- ◎町内会会費
- ◎同業者団体会費
- ◎分担金
- ◎臨時会費
- ◎協力会会費
- ◎工業会会費
- ◎商工会議所会費
- ◎通常会費
- ◎特別会費
- ◎法人会会費

▶仕訳例

◆商工会議所の年会費60,000円を現金で支払った。

| 借方 | 諸会費 | 60,000 | 貸方 | 現金 | 60,000 |

◆同業者団体の年会費100,000円が、口座から引き落とされた。

| 借方 | 諸会費 | 100,000 | 貸方 | 当座預金 | 100,000 |

▶税務上の注意点

計上した費用が、諸会費に該当するか確認しましょう。ゴルフクラブの会員権や社交団体等への会費は、諸会費ではなく、接待交際費に計上します。

また、特定の個人が支払うべき会費を負担した場合は、給料手当として扱うことになります。

諸会費として計上した費用の実態が、接待交際費や給料手当、福利厚生費に該当した場合、税務調査等の際に否認されます。

Part 2 損益計算書の勘定科目

賃借料

借方科目

対象：法人・個人事業者

▶この科目の概要

　OA機器やレンタカー等の動産を賃借した金額を計上する科目です。
　リース契約による支払いも、この科目に計上できますが、リース料の科目名を設けて区分することも可能です。

▶摘要（主な取引例）
- ◎OA機器賃借料　　◎機械賃借料　　　　◎工作機械賃借料
- ◎コピー機賃借料　◎コンピュータ賃借料　◎パソコン賃借料
- ◎複写機リース料　◎リース料金　　　　　◎レンタカー費用
- ◎レンタル料金

▶仕訳例

◆商品の展示会で使用するパソコンを5台、2週間レンタルする契約で、賃料70,000円を、現金で支払った。

借方	賃借料	70,000	貸方	現金	70,000

◆繁忙期の納品用に、貨物自動車を2か月間レンタルする契約で、今月分のレンタカー代160,000円を小切手で支払った。

借方	賃借料	160,000	貸方	当座預金	160,000

◆期首に工作機械2台を、毎月300,000円で2年間リースする契約をして、今月分のリース料を口座から振り込んだ。

借方	賃借料	300,000	貸方	普通預金	300,000

▶会計処理上のポイント

　土地・建物等の不動産賃借料は、地代家賃の科目に計上します。

▶税務上の注意点

　リース取引には、様々な種類がありますが、大別すると、物品を賃借使用するオペレーティング・リースと、割賦販売に準じた実態のファイナンス・リースに区分されます。
　オペレーティング・リースは、一般的な賃借料と同様に、リース料の支払時に計上できますが、ファイナンス・リースは、工具器具備品等の固定資産の購入に準じた処理を行い、減価償却する必要があります。

借方科目

保険料

対象：法人・個人事業者

▶ この科目の概要

　固定資産（建物・機械装置等）や棚卸資産（商品・製品・原材料等）に掛ける火災保険、自動車保険や傷害保険、運送保険や海上保険等の損害保険と、会社が契約者で受取人となる非貯蓄型の生命保険に支払う保険料を計上する科目です。支払保険料のような科目名を用いる場合もあります。

　不慮の事故に備える非貯蓄型の掛捨型保険が対象です。

▶ 摘要（主な取引例）

◎運送保険料　◎海上保険料　◎火災保険料　◎交通傷害保険料
◎自動車任意保険料　◎自賠責保険料　◎傷害保険料　◎生命保険料
◎総合保険料　◎損害賠償責任保険料　◎損害保険料　◎建物共済保険料
◎定期保険料　◎動産総合保険料　◎盗難保険料　◎輸出海上保険料
◎輸入海上保険料　◎養老保険料　◎旅行保険料　◎労働災害補償保険料

▶ 仕訳例

◆工場を対象とする火災保険の契約をして、1年分の保険料300,000円を小切手で支払った。

| 借方 | 保険料 | 300,000 | 貸方 | 当座預金 | 300,000 |

◆従業員を被保険者として、満期返戻金のない定期保険に会社が契約し、保険料120,000円を現金で支払った。死亡保険金の受取人は会社である。

| 借方 | 保険料 | 120,000 | 貸方 | 現金 | 120,000 |

▶ 会計処理上のポイント

　保険料は前払いなので、決算時に前払費用への計上が原則ですが、支払日から1年以内のものは、継続して適用することを条件に、損金として支払時に費用計上できます。なお、1年を超える保険料は、前払費用に計上します。

　保険期間3年以上で満了後に満期返戻金の支払われる積立型の長期損害保険や養老保険など貯蓄型の生命保険への支払いは、保険料積立金の科目で、保険終了まで資産に計上します。

▶ 税務上の注意点

　保険金の受取人が、被保険者本人やその遺族の場合、会社が支払った保険料の額は、被保険者に対する給料手当や役員報酬とされます。

Part 2　損益計算書の勘定科目

借方科目

修繕費

対象：法人・個人事業者

▶この科目の概要

　建物や機械装置、工具器具備品等の有形固定資産を維持管理するための修繕・保守・メインテナンス等の費用を計上する科目です。
　自動車の車検や修理費用は、車両関係費で処理することもできます。

▶摘要（主な取引例）

- ◎維持管理費用
- ◎OA機器保守料
- ◎オーバーホール費用
- ◎解体費
- ◎壁塗替費用
- ◎計算機修理代
- ◎現状回復費用
- ◎車検費用
- ◎設備移設費用
- ◎地盛費用
- ◎定期点検
- ◎点検整備費
- ◎電話移設工事費
- ◎パンク修理（車両運搬具）
- ◎備品修繕
- ◎部品取り替え
- ◎保守管理費用
- ◎床張り替え

▶仕訳例

◆コピー機のメインテナンス料金50,000円を現金で支払った。

| 借方 | 修繕費 | 50,000 | 貸方 | 現金 | 50,000 |

◆店舗の修繕費500,000円を小切手で支払った。

| 借方 | 修繕費 | 500,000 | 貸方 | 当座預金 | 500,000 |

▶会計処理上のポイント

　修繕費として認められるのは、①200,000円未満の少額な支出の場合、②おおむね3年以内の周期で行う保守・改良等の費用です。
　また、明らかな資本的支出に該当しない場合で、①600,000円未満の支出、②前期末の簿価（帳簿価額）の10％相当額以下の支出も修繕費に計上できます。

▶税務上の注意点

　大規模な改造によって、資産価値を増加したり、耐用年数を延ばすことになる場合は、資本的支出として固定資産に加算することになります。
　なお、600,000円以上の支出で、前期末の簿価（帳簿価額）の10％相当額を超える場合は、資本的支出になりますが、この場合でも、継続して適用することを条件に、①修理改良等の金額×30％、②前期末の簿価（帳簿価額）×10％のうち少ない金額を修繕費に計上して、残額を資本的支出として固定資産に加算します。

借方科目

事務用品費

対象：法人・個人事業者

● この科目の概要

事務作業に関連して消費される筆記用具や書類帳票類、OA機器関連品、印刷物等の費用を計上する科目です。

石鹸やトイレットペーパー等の事務用品でないものの費用は、消耗品の科目に計上します。この科目を設けない場合は、いずれも消耗品に計上します。

● 摘要（主な取引例）

- ◎印鑑代
- ◎印刷費用
- ◎MO購入
- ◎鉛筆代
- ◎給料袋代
- ◎小切手帳代
- ◎コピー用紙代
- ◎ゴム印代
- ◎コンピュータ記録媒体
- ◎コンピュータ用紙代
- ◎CD-R代
- ◎事務用品購入
- ◎請求書用紙代
- ◎帳票用紙代
- ◎手形帳代
- ◎DVD-R代
- ◎伝票代
- ◎ノート代
- ◎納品書用紙代
- ◎バインダー代
- ◎便箋代
- ◎ファクシミリ用紙代
- ◎封筒代
- ◎フロッピーディスク代
- ◎ボールペン代
- ◎報告書用紙代
- ◎名刺代
- ◎領収書用紙代

● 仕訳例

◆コピー用紙やボールペン等の事務用消耗品を購入し、代金30,000円を現金で支払った。

借方	事務用品費	30,000	貸方	現金	30,000

◆社名入封筒を1,000部作成し、代金100,000円を、小切手で支払った。

借方	事務用品費	100,000	貸方	当座預金	100,000

◆まとめて購入しておいた未使用のコピー用紙300,000円分を、決算期に貯蔵品として振り替えた。

借方	貯蔵品	300,000	貸方	事務用品費	300,000

● 会計処理上のポイント

決算期に、大量の事務用品が未使用で残っている場合、原則として、貯蔵品に振り替えます。

ただし、各事業年度におおむね一定量を取得して、経常的に消費するものについては、継続して適用することを条件として、取得時に一括して費用計上することも可能です。

借方科目

教育研修費

対象：法人・個人事業者

▶この科目の概要

　業務上必要な技術や知識を習得するための費用を計上する科目です。教育研修費等の科目名を用いる場合もあります。従業員の教育訓練等の費用が、頻繁に発生する場合は、このような科目を設けましょう。
　少額の場合は、福利厚生費で処理しても差し支えありません。

▶摘要（主な取引例）

◎教育訓練費　　　　◎研修会参加日当　　　◎研修会参加料金
◎研修会参加旅費　　◎研修会場使用料金　　◎研修費
◎講師謝礼　　　　　◎講習会参加日当　　　◎講習会参加料金
◎講習会参加旅費　　◎講習会場使用料金　　◎セミナー参加料金

▶仕訳例

◆講師を招いて研修会を開き、謝礼170,000円と車代30,000円を源泉徴収後に現金で支払った。

借方	教育研修費	200,000	貸方	現金	180,000
				預り金	20,000

◆社員を技術講習会に参加させて、費用30,000円を支払った。

借方	教育研修費	30,000	貸方	現金	30,000

◆社員の資格取得費用80,000円を小切手で支払った。

借方	教育研修費	80,000	貸方	当座預金	80,000

▶会計処理上のポイント

　業務上必要な資格や免許の取得費用は、教育研修費や福利厚生費等に計上できますが、きわめて一般的な資格や免許の取得費用は、個人に対する給料と見なされる場合があります。

▶税務上の注意点

　研修会に出席した場合の時間外手当や出張日当は、諸手当として源泉税の対象になります。これらは給料の計算時に合計して、給料手当に計上し、源泉税を算出します。

借方科目

寄付金

対象：法人・個人事業者

▶ この科目の概要

　事業とは無関係で、相手からの反対給付を期待せずに、金銭・物品、その他サービス等の経済的利益を贈与、または無償供与した場合の金額を計上する科目です。

▶ 摘要（主な取引例）

◎赤い羽共同募金　◎学校に寄付　◎義援金　◎教会への祭礼寄付
◎共同募金　◎研究機関に寄付　◎後援会に寄付　◎寺院への祭礼寄付
◎指定寄付金　◎社会事業団体に寄付　◎神社への祭礼寄付
◎政治団体への拠出金　◎町内会に寄付　◎低廉譲渡　◎特定寄付金
◎日本私立学校振興・共済事業団への寄付　◎日本赤十字社に寄付
◎認定NPO法人に寄付　◎無償供与

▶ 仕訳例

◆日本赤十字社に災害義援金500,000円の小切手を寄付した。

| 借方 | 寄付金 | 500,000 | 貸方 | 当座預金 | 500,000 |

◆道路の拡幅工事に伴い、隣接している簿価5,000,000円、時価10,000,000円の敷地を寄贈した。

| 借方 | 寄付金 | 10,000,000 | 貸方 | 土地 | 5,000,000 |
| | | | | 固定資産売却益 | 5,000,000 |

▶ 会計処理上のポイント

　一般的に、①金銭・物品の交付、②債務免除、③資産の低額譲渡、④資産の高価買入、⑤用役労務の無償提供等を寄付金と呼びます。

　業務に直接・間接的に関連する相手への支出で、実態が接待交際費や広告宣伝費、福利厚生費等に該当する支出には、寄付金・拠出金・見舞金等の名称を使っても、寄付金として計上することはできません。

　国や地方公共団体への寄付金と指定寄付金は、全額を損金に算入できますが、他の寄付金は、損金算入に限度額があります。

▶ 個人事業者の処理

　事業経費ではなく、所得控除として寄付金控除の対象になります。個人の寄付金控除の対象になるのは、特定寄付金に限られます。

Part 2　損益計算書の勘定科目

研究開発費

借方科目

対象：法人・個人事業者

▶この科目の概要

新製品・新技術の試験研究・開発や新市場開拓・新事業開始・新経営組織の採用・資源開発のために支出する費用を計上する科目です。試験研究費や開発費等の科目名を用いる場合もあります。

ソフトウェアの制作費のうち、研究開発に該当する部分も含まれます。

▶摘要（主な取引例）

- ◎委託研究費用
- ◎研究用資料購入
- ◎研究用設備購入
- ◎研究用動物購入
- ◎試験研究費用
- ◎市場開拓費用
- ◎市場開拓費用
- ◎市場調査費用
- ◎実験用薬品購入
- ◎新技術採用費用
- ◎新経営組織採用費用
- ◎新製品開発費用
- ◎ソフトウェア制作費用
- ◎他社製品購入費用（比較用）
- ◎マーケティング費用
- ◎リサーチ費用

▶仕訳例

◆新製品開発用に、他社製品を100,000円分現金で購入した。

借方 研究開発費　　100,000　　**貸方** 現金　　100,000

◆自社製品の市場調査費用200,000円を小切手で支払った。

借方 研究開発費　　200,000　　**貸方** 当座預金　　200,000

▶会計処理上のポイント

事業会計上は、研究開発のために支出した人件費・原材料費・固定資産の減価償却費等で、すべて発生時に費用処理します。

また、特定の研究開発のみに使用する機械装置や特許権等も、取得時に研究開発費に計上します。

▶税務上の注意点

研究開発費は、すべて発生時に費用として処理することを原則としています。また、繰延資産の研究費及び開発費や試験研究費も5年以内あるいは随時償却できますから、任意の金額を必要経費にできるため、結果的に同様の処理になります。

借方科目

減価償却費

対象：法人・個人事業者

● この科目の概要

　有形・無形の固定資産の取得価額から耐用年数に応じた費用を計算し、固定資産の価値の減少分を、金額として計上する科目です。

　有形固定資産の減価償却方法は、原則として、法人は定率法、個人事業者は定額法です。これは、税務署長に届け出れば変更できます。

　なお、平成10年4月1日以降に取得した建物は、定額法になります。

● 摘要（主な取引例）

- ◎機械装置減価償却
- ◎減価償却超過額修正
- ◎減価償却不足額修正
- ◎工具器具備品減価償却
- ◎構築物減価償却
- ◎固定資産減価償却
- ◎車両減価償却
- ◎ソフトウェア減価償却
- ◎建物減価償却
- ◎月割償却額
- ◎当期償却額
- ◎無形固定資産減価償却
- ◎有形固定資産減価償却

● 仕訳例

◆当期の機械減価償却費600,000円を計上した。

①直接控除法の場合

借方 減価償却費　　600,000　　**貸方** 機械装置　　600,000

②間接控除法の場合

借方 減価償却費　　600,000　　**貸方** 減価償却累計額　　600,000

◆データ処理用ソフトウェアの代金400,000円を現金で支払った。

①購入時

借方 ソフトウェア　　400,000　　**貸方** 現金　　400,000

②決算時（耐用年数5年）

借方 減価償却費　　80,000　　**貸方** ソフトウェア　　80,000

● 会計処理上のポイント

　減価償却の方法には、直接控除法と間接控除法があります。直接控除法は、該当する償却対象資産から直接減価償却費を控除します。間接控除法は、減価償却費を減価償却累計額に計上していく方法です。

　ソフトウェアも無形固定資産として、①販売する原本や研究開発用は3年、②その他は5年の耐用年数で処理します。

Part 2　損益計算書の勘定科目

借方科目

貸倒引当金繰入

対象：法人・個人事業者

▶ この科目の概要

売掛金や貸付金等の債権が、取引先や貸付先の倒産等で、回収不能になる場合に備えて、あらかじめ貸倒引当金として繰り入れる金額を計上します。

税法では、損失の見積計上を認めていませんが、例外的に必要経費として計上できます。

▶ 摘要（主な取引例）

- ◎受取手形回収不能見込額
- ◎売掛金回収不能見込額
- ◎回収不能見込額
- ◎貸付金回収不能見込額
- ◎期末債権回収不能見込額
- ◎債権回収不能見込額
- ◎先日付小切手回収不能見込額
- ◎従業員貸付金回収不能見込額
- ◎損害賠償金取立不能見込額
- ◎立替金（従業員を除く）
- ◎手形回収不能見込額
- ◎取立不能見込額
- ◎未収入金回収不能見込額
- ◎役員貸付金回収不能見込額

▶ 仕訳例

◆期末に貸倒引当金を設定して、600,000円を繰り入れた。

| 借方 | 貸倒引当金繰入 | 600,000 | 貸方 | 貸倒引当金 | 600,000 |

◆決算期末に貸倒引当金1,000,000円を差額補充法で設定した。期首の貸倒引当金は800,000円だった。

| 借方 | 貸倒引当金繰入 | 200,000 | 貸方 | 貸倒引当金 | 200,000 |

▶ 会計処理上のポイント

貸倒引当金の繰入限度額は、①個別評価と②一括評価で区分計算して、それぞれの繰入限度額を合計した額になります。

なお、資本金1億円以下の中小企業では、繰入限度額の特例として、一括評価に法定繰入率を利用することができます。

▶ 個人事業者の処理

青色申告の個人事業者は、個人でも貸倒引当金を設けて、必要経費に算入できます。個人事業者の貸倒引当金繰入率は、①金融業3.3％、②その他の事業5.5％です。

借方科目

貸倒損失／貸倒金

対象：法人・個人事業者

▶この科目の概要

取引先や貸付先の倒産等で、回収可能性がほとんどなくなったと判断される売掛金や貸付金等を計上する科目です。

▶摘要（主な取引例）

◎売掛債権貸倒れ　◎会社更生法による債権　◎回収不能債権額
◎金銭債権全額回収不能　◎金融機関の更生手続特例による債権
◎更生開始企業の債権　◎債権切捨て　◎債権放棄
◎集金に経済性のない債権　◎会社法による債権
◎書面による債務免除額　◎長期滞留債権　◎手形債権貸倒れ
◎倒産企業への債権　◎取引停止企業の債権　◎破産企業への債権
◎弁済後1年以上経過した債権　◎民事再生法による債権

▶仕訳例

◆取引先の倒産で、売掛金1,000,000円が回収不能になった。

借方 貸倒損失　　1,000,000　　**貸方** 売掛金　　1,000,000

◆3年後に返済を受ける予定で取引先に2,000,000円を貸し付けたが、業績が悪化しているため債権者集会で、債権の50％減額が決定した。

借方 貸倒損失　　1,000,000　　**貸方** 長期貸付金　　1,000,000

▶会計処理上のポイント

貸倒損失には、以下の①～③が該当します。

①法的な債権消滅：a）会社更生法、民事再生法、破産法、会社法等によるもの。b）債権者集会、行政等の斡旋による決定。c）書面で明示した債務免除等。

②債権全額の回収不能：債権を全額回収できない場合。

③形式的な貸倒れ：a）最終取引から1年以上経過した債権。b）取立にかかる費用より債権総額が少ない場合等。

上記の③形式的な貸倒れの場合、債権の備忘価額（1円でも可）を控除した上で、残額を貸倒損失として損金に計上します。

▶税務上の注意点

売掛債権に担保がある場合は、担保を処分しないと損金処理できません。

雑費

借方科目

対象：法人・個人事業者

▶この科目の概要

販売費及び一般管理費の内訳科目ですが、どの科目にも仕訳できないような想定外の費用や、重要性に乏しく、特に科目を設けるほどでない少額の費用等を計上する科目です。

▶摘要（主な取引例）

- ◎観葉植物費
- ◎現像代
- ◎事務所引っ越し費用
- ◎清掃料金
- ◎テント使用料
- ◎廃棄物処理費用
- ◎有線放送料
- ◎クリーニング代
- ◎ゴミ袋代
- ◎信用調査費用
- ◎提案賞金
- ◎電話機消毒代
- ◎ビジネスショー入場料
- ◎来客用灰皿
- ◎警備費用
- ◎採用関係経費
- ◎生花代
- ◎テレビ受信料
- ◎庭木手入代
- ◎ビル管理費用

▶仕訳例

◆模様替えの際に、カーテンのクリーニング費用26,000円を支払った。

| 借方 | 雑費 | 26,000 | 貸方 | 現金 | 26,000 |

◆受付と応接室に飾る生花代12,000円を現金で支払った。

| 借方 | 雑費 | 12,000 | 貸方 | 現金 | 12,000 |

◆臨時に取引銀行から貸金庫を借りることになった。1年分の費用50,000円は口座から引き落とされた。

| 借方 | 雑費 | 50,000 | 貸方 | 当座預金 | 50,000 |

▶会計処理上のポイント

勘定科目の区分は、業種業態によって異なりますから、雑費はかなり広範囲になります。雑費として高額な場合は、頻繁に発生する同種の摘要や、多額の経費を計上する摘要などに応じて、別途科目を設けましょう。

また、消耗品や福利厚生費等に計上できる取引の場合は、該当する科目に計上しましょう。

受取利息

貸方科目

対象：法人

▶ この科目の概要

　事業用の預貯金の利息や利子、有価証券や貸付金等の利息を計上する科目です。営業外収益の内訳科目になります。

　従業員や役員、関係会社や取引先等に対する貸付金があり、利息が多額になる場合は、別途、貸付金利息等の科目を設けて区分しましょう。

▶ 摘要（主な取引例）

- ◎解約時利息
- ◎書換利息
- ◎貸付金利息
- ◎金融債利息
- ◎国債利息
- ◎社債利息
- ◎通知預金利息
- ◎定期積金償還差額
- ◎定期預金利息
- ◎手形割引料受取
- ◎普通預金利息
- ◎保証金利息
- ◎満期利息
- ◎有価証券利息
- ◎郵便貯金利息

▶ 仕訳例

◆普通預金に利息800円が入金された。源泉税20％は控除されている。

借方			貸方		
普通預金		800	受取利息		1,000
仮払税金		200			

◆1,000,000円の定期預金が満期になり、税引き後利息2,400円とともに、普通預金口座に入金された。

借方			貸方		
普通預金		1,002,400	定期預金		1,000,000
租税公課		600	受取利息		3,000

◆取引先の要請で、6か月の期限で貸付けた、貸付金3,000,000円が、利息120,000円と共に、現金で返済された。

借方			貸方		
現金		3,120,000	短期貸付金		3,000,000
			受取利息		120,000

▶ 会計処理上のポイント

　金融・保険業以外の法人の場合、預金利息の計上は、支払期日1年以内で継続して適用することを条件に、支払期日の属する事業年度に計上できます。

▶ 税務上の注意点

　利息に対する源泉税は、原則として仮払税金の科目に計上しますが、「法人税、住民税及び事業税」、または「租税公課」の前払いに相当するので、これらの科目で処理することも可能です。

貸方科目

受取配当金

対象：法人

▶ この科目の概要

　株式・出資金への配当金や投資信託等の収益分配金、特殊法人等からの利益分配金等を計上する科目です。営業外収益の内訳科目になります。

▶ 摘要（主な取引例）
- ◎受取配当金
- ◎株式配当金
- ◎収益分配金
- ◎出資配当金
- ◎中間配当金
- ◎投資信託収益分配金
- ◎特別分配金
- ◎配当
- ◎保険契約者配当金
- ◎みなし配当金
- ◎利益分配金

▶ 仕訳例

◆保有株式の配当金100,000円を現金で受け取った。

借方		貸方	
現金	90,000	受取配当金	100,000
仮払税金	10,000		

◆保有する投資信託の収益分配金1,000円から源泉税20％が差し引かれて再投資された。

借方		貸方	
有価証券	800	受取配当金	1,000
仮払税金	200		

▶ 会計処理上のポイント

　収益への計上時期は、原則として、株式総会等による支払い確定日に、未収入金として計上することになりますが、継続して適用することを条件として、入金時に現金や預金に計上することもできます。

▶ 税務上の注意点

　配当金に対する源泉税は、原則として仮払税金の科目に計上しますが、「法人税、住民税及び事業税」、または「租税公課」の前払いに相当するので、これらの科目で処理することも可能です。

　法人税の税額控除の対象になるので、受取配当金とは相殺せず、仮払税金として処理しましょう。

有価証券売却益

貸方科目

対象：法人

▶ この科目の概要

　売買目的で一時的に保有している市場性を持った有価証券を、取得価額より高額で売却した際の差益を計上する科目です。
　売却に伴う売買委託手数料等は、有価証券売却益と相殺できます。

▶ 摘要（主な取引例）

◎貸付信託受益証券売却益　　◎株式売却益　　　◎公債売却益
◎公社債投信受益証券売却益　◎国債売却益　　　◎社債売却益
◎出資証券売却益　　　　　　◎地方債売却益
◎投資信託受益証券売却益

▶ 仕訳例

◆取得価額3,000,000円の上場株式を3,600,000円で売却し、手数料等50,000円を引いた残額を普通預金に入金した。

借方	普通預金	3,550,000	貸方	有価証券	3,000,000
				有価証券売却益	550,000

◆売買目的として1株当たり1,800円で2,000株保有していた株式を1株2,000円で売却した。手数料等は8,000円だった。

借方	現金	3,992,000	貸方	有価証券	3,600,000
				有価証券売却益	392,000

▶ 会計処理上のポイント

　売買目的で一時的に保有している市場性を持った有価証券とは、貸借対照表の流動資産に表示する有価証券のことです。この有価証券の売却益は、損益計算書の営業外収益区分に表示します。
　売買目的でなく長期間保有している有価証券は、固定資産区分に、別途、投資有価証券として仕訳します。投資有価証券の売却益は、特別損益の内訳科目に投資有価証券売却益の科目を設けて計上します。
　売買委託手数料等は、投資有価証券売却益と相殺できます。

為替差益

貸方科目

対象：法人・個人事業者

▶ この科目の概要

外貨建取引による外貨や債権・債務を、決済・換算した際の為替差益を計上する科目です。

保有する外国通貨や外貨建金銭債権債務、外貨建有価証券等は、原則として、決算時の為替レートで円換算し、この科目に差益を計上します。

▶ 摘要（主な取引例）
- ◎海外支店財務諸表換算差益
- ◎為替決済差益
- ◎在外支店財務諸表換算差益
- ◎為替換算差益
- ◎為替予約換算差益

▶ 仕訳例

◆決算時に米ドル紙幣5,000ドルを円換算した。取得時の為替レートは1ドル＝110円、決算時は1ドル＝130円だった。

借方	現金	100,000	貸方	為替差益	100,000

◆期末に外貨預金10,000ドルを円換算した。取得時のレートは1ドル＝110円、期末時は1ドル＝125円である。

借方	外貨預金	150,000	貸方	為替差益	150,000

◆50,000米ドルの1年物定期預金を設定し、元利とも1ドル＝130円で為替予約した。当日の換算レートは、1ドル＝110円である。

借方	外貨預金	6,500,000	貸方	当座預金	5,500,000
				為替差益	1,000,000

▶ 会計処理上のポイント

為替予約を行った場合、予約締結までの差額を予約日の属す期に処理し、残額を決済日の属す期まで期間配分します。ただし、重要性に乏しい残額の場合は、予約日の属す期に処理できます。

また、ヘッジ会計の要件を満たす場合には、ヘッジ会計を適用することもできます。

貸方科目

雑収入

対象：法人・個人事業者

▶この科目の概要

他の営業収益や営業外収益の勘定科目に該当せず、収入金額も少ないなど、重要性の少ない営業外収益を計上する科目です。

雑収入の範囲は業種業態によって異なりますが、多額の収入になる場合は、別途、摘要に該当する科目を設けましょう。

▶摘要（主な取引例）

◎還付加算金受取　　◎現金超過　　　　　　◎公衆電話取扱手数料
◎作業くず売却収入　◎自動販売機設置提供料　◎奨励金受取
◎助成金受取　　　　◎スクラップ売却収入　　◎生命保険手数料収入
◎損害賠償金受取　　◎代理店手数料収入　　　◎地代収入　◎駐車場賃貸収入
◎賃貸収入　◎特約店手数料収入　◎副産物売却　◎古新聞売却
◎古本売却　◎報償金受取　◎保険金受取　◎補助金受取　◎家賃収入

▶仕訳例

◆作業で生じた鉄くずを売却した。代金50,000円は未収である。
借方 未収金　　　　50,000　　**貸方** 雑収入　　　　50,000

◆休憩所にある自動販売機の設置場所提供料20,000円を受け取った。
借方 現金　　　　　20,000　　**貸方** 雑収入　　　　20,000

◆決算時に、現金が帳簿残高より6,000円超過していた。超過の原因は不明だったので、雑収入として計上した。
借方 現金　　　　　 6,000　　**貸方** 雑収入　　　　 6,000

▶会計処理上のポイント

帳簿残高と現金に差額が生じた場合は、現金過不足の科目を設けて、一時的に計上し、原因を調べて該当する科目に仕訳します。

決算時まで原因不明な現金超過は、常識の範囲内なら雑収入で処理できますが、多額の現金超過は、原因を調べる必要があります。

▶税務上の注意点

取引先や第三者等から低額譲渡や無償譲渡された資産は、金額的に重要性のない程度なら、雑収入で処理できます。ただし、資産価値が多額になる場合は、時価との差額を受贈益に計上する必要があります。

Part 2　損益計算書の勘定科目

借方科目

支払利息／利子割引料

対象：法人・個人事業者

▶この科目の概要

　事業用の借入金に対する利息の支払いや、手形を割り引く際に支払う割引料などの金融費用を計上する科目です。

　支払利息には短期・長期の借入金に対する利息の他、売上割引等の金融費用も含まれます。法人の場合、支払割引料は手形売却損の科目で処理することになります。

▶摘要（主な取引例）

- ◎預り金利息の支払い
- ◎社内預金利息の支払い
- ◎手形取立手数料の支払い
- ◎ローン利息の支払い
- ◎借入金利息の支払い
- ◎手形書換利息の支払い
- ◎手形割引料の支払い

▶仕訳例

◆店舗改装用に銀行から借り入れた資金の利息200,000円が、当座預金より引き落とされた。

| 借方 | 支払利息 | 200,000 | 貸方 | 当座預金 | 200,000 |

◆手形を銀行で割引き、割引料50,000円と取立手数料5,000円が当座預金から引き落とされた。

| 借方 | 利子割引料 | 50,000 | 貸方 | 当座預金 | 55,000 |
| | 支払手数料 | 5,000 | | | |

▶会計処理上のポイント

　事業用の固定資産を取得するために行った借入金に対する利息は、資産の取得原価に含めずに、この科目で費用計上できます。

▶税務上の注意点

　支払期日が1年以内の借入金に対する利息は、借入時に一括費用計上できますが、1年を超える借入金に対する利息は、前払処理が必要になります。

　支払利息や利子割引料が多額になる場合は、それぞれの科目を区分して計上しましょう。

　個人事業者の青色申告決算では、損益計算書の経費の内訳科目に利子割引料の記入欄が設けられています。

為替差損

借方科目

対象：法人・個人事業者

●この科目の概要

外貨建取引による外貨や債権・債務を、決済・換算した際の為替差損を計上する科目です。

保有する外国通貨や外貨建金銭債権債務、外貨建有価証券等は、原則として、決算時の為替レートで円換算し、この科目に差損を計上します。

●摘要（主な取引例）
◎海外支店財務諸表換算差損　　◎為替換算差損
◎為替決済差損　　　　　　　　◎為替予約換算差損
◎在外支店財務諸表換算差損

●仕訳例

◆米ドルのトラベラーズチェック1,500ドルを、決算時に円換算した。取得日の為替レートは1ドル＝135円、期末時は1ドル＝115円だった。

借方 為替差損　　　　30,000　　**貸方** 現金　　　　30,000

◆外貨預金20,000ドルを、期末時換算法で円換算した。取得時のレートは1ドル＝125円で、期末時は1ドル＝115円である。

借方 為替差損　　　200,000　　**貸方** 外貨預金　　200,000

◆10,000ドル分の商品を輸入して、代金を小切手で決済した。仕入時の為替レートは1ドル＝125円だったが、決済日に1ドル＝135円になっていた。

借方 買掛金　　　1,250,000　　**貸方** 当座預金　1,350,000
　　　　為替差損　　　100,000

●会計処理上のポイント

為替予約を行った場合、予約締結までの差額を予約日の属す期に処理し、残額を決済日の属す期まで期間配分します。ただし、重要性に乏しい残額の場合は、予約日の属す期に処理できます。

Part 2 損益計算書の勘定科目

借方科目

有価証券売却損

対象：法人

▶この科目の概要

　売買目的で一時的に保有している市場性を持った有価証券を、取得価額より低額で売却した際の差損を計上する科目です。

　売却に伴う売買委託手数料等も含めて計上できます。

▶摘要（主な取引例）
- ◎貸付信託受益証券売却損
- ◎公社債投信受益証券売却損
- ◎出資証券売却損
- ◎投資信託受益証券売却損
- ◎株式売却損
- ◎国債売却損
- ◎地方債売却損
- ◎公債売却損
- ◎社債売却損

▶仕訳例

◆簿価2,500,000円で所有していた有価証券を2,000,000円で売却し、売買委託手数料等20,000円が差し引かれて、当座預金に入金された。

借方		貸方	
当座預金	1,980,000	有価証券	2,500,000
有価証券売却損	520,000		

◆簿価1,000,000円で保有していた社債を900,000円で売却した。代金は普通預金に入金された。

借方		貸方	
普通預金	900,000	有価証券	1,000,000
有価証券売却損	100,000		

▶会計処理上のポイント

　売買目的で一時的に保有している市場性を持った有価証券とは、貸借対照表の流動資産に表示する有価証券のことです。この有価証券の売却損は、損益計算書の営業外損失区分に表示します。

　売買目的でなく長期間保有している有価証券は、固定資産区分に、別途、投資有価証券として仕訳します。投資有価証券の売却損は、特別損益の内訳科目に投資有価証券売却損の科目を設けて計上します。

　売買委託手数料等は、投資有価証券売却損に含めて計上します。

借方科目

雑損失

対象：法人・個人事業者

▶この科目の概要

他の営業費用や営業外費用などの勘定科目に該当せず、金額的にも少ないなど、重要性の少ない営業外費用を計上する科目です。

▶摘要（主な取引例）

- ◎違約金支払い
- ◎科料支払い
- ◎過料支払い
- ◎現金不足
- ◎固定資産除却損
- ◎固定資産廃棄損
- ◎速度超過罰金の支払い
- ◎損害賠償金の支払い
- ◎駐車違反の罰金支払い
- ◎盗難損失
- ◎罰金の支払い
- ◎補償金の支払い

▶仕訳例

◆決算日に現金出納帳の残高より現金が8,000円不足していた。原因を調べたが、不明だった。

| 借方 | 雑損失 | 8,000 | 貸方 | 現金 | 8,000 |

◆支払いのため用意しておいた現金100,000円が盗難にあった。

| 借方 | 雑損失 | 100,000 | 貸方 | 現金 | 100,000 |

◆顧客への損害賠償金として、小切手で200,000円支払った。

| 借方 | 雑損失 | 200,000 | 貸方 | 当座預金 | 200,000 |

▶会計処理上のポイント

帳簿残高と現金に差額が生じた場合は、現金過不足の科目を設けて、一時的に計上し、原因を調べて該当する科目に仕訳します。

決算時まで原因不明な現金不足は、常識的な範囲内なら雑損失で処理できますが、多額の現金不足は、原因を確認して別に適切な科目を設けて計上します。

業種業態によって雑損失の範囲は異なりますが、原因不明で多額な現金不足がある場合は、警察に盗難届を出して追求するなど、相応の処理が必要になります。

▶税務上の注意点

販売費及び一般管理費の内訳科目である雑費との違いは、金額の重要性や臨時支出であるか否かなどによって仕訳します。なお、税法では、法人の納付する罰金・科料・過料を損金に算入することはできません。

Part 2 損益計算書の勘定科目

固定資産売却益

貸方科目

対象：法人

◉ この科目の概要

　土地、建物、機械及び装置、車両運搬具等の有形固定資産を、簿価（帳簿価額）よりも高額で売却した場合の差益を計上する科目です。

　売却に伴う手数料や売買契約書の印紙代等の諸費用は、売却益から差し引くことができます。

◉ 摘要（主な取引例）

- ◎機械下取益
- ◎機械売却益
- ◎構築物売却益
- ◎固定資産売却益
- ◎ゴルフクラブ会員権譲渡益
- ◎自動車売却益
- ◎車両下取益
- ◎装置売却益
- ◎建物売却益
- ◎土地売却益
- ◎特許権売却益
- ◎備品売却益

◉ 仕訳例

◆会社所有の土地を20,000,000円で売却した。土地の簿価は13,000,000円で、仲介手数料や売買契約書の印紙代等の諸費用920,000円が差し引かれて普通預金に振り込まれた。

借方		貸方	
普通預金	19,080,000	土地	13,000,000
		固定資産売却益	6,080,000

◆取得価額1,500,000円、減価償却累計額800,000円で、簿価700,000円の機械を800,000円で売却した。代金は未収になっている。

借方		貸方	
未収金	800,000	機械及び装置	1,500,000
減価償却累計額	800,000	固定資産売却益	100,000

◆取得価額2,300,000円、簿価700,000円の社有車を900,000円で売却し、代金が預金口座に振り込まれた。

借方		貸方	
普通預金	900,000	車両運搬具	2,300,000
減価償却累計額	1,600,000	固定資産売却益	200,000

◉ 会計処理上のポイント

　固定資産を下取りに出して新規購入する際に、下取り価額がその資産の時価より高すぎる場合、新規に購入する資産の値引きに相当する可能性もあります。

貸方科目

貸倒引当金戻入

対象：法人・個人事業者

◉この科目の概要

　貸倒引当金を洗替法によって計上する場合に設ける科目です。貸倒引当金の設定は、原則として洗替法になります。

　洗替法は、貸倒引当金戻入の科目で、いったん前期繰越分の貸倒引当金を全額特別収益に戻入れ、新たに当期分の貸倒引当金を貸倒引当金繰入の科目に引当て計上します。

◉摘要（主な取引例）

◎貸倒引当金洗替　　　◎貸倒引当金戻入　　　◎決算時洗替
◎前期貸倒引当金戻入

◉仕訳例

◆前期に計上した貸倒引当金800,000円を戻入れ、決算時、新たに貸倒引当金1,200,000円を設定した。

借方		貸方	
貸倒引当金	800,000	貸倒引当金戻入	800,000
貸倒引当金繰入	1,200,000	貸倒引当金	1,200,000

◆期首の貸倒引当金500,000円に対し、当期の売掛金に対する貸倒引当金として700,000円を繰り入れた。

借方		貸方	
貸倒引当金	500,000	貸倒引当金戻入	500,000
貸倒引当金繰入	700,000	貸倒引当金	700,000

◉会計処理上のポイント

　貸倒れが発生した場合には、貸倒損失や貸倒金の科目に計上して処理します。そのため、期中に貸倒引当金は増減しません。

◉税務上の注意点

　貸倒引当金を、差額補充法で設定する場合は、前期繰越分と当期分の差額を計上するので、貸倒引当金戻入は発生しません。ただし、税法上では、貸倒引当金を設定する場合、原則として、洗替法を用います。

Part 2 損益計算書の勘定科目

前期損益修正益

貸方科目

対象：法人・個人事業者

▶この科目の概要

　前期以前に会計処理した金額を修正した際に生じる収益額を計上する科目です。過年度の収益額は、当期の経常損益計算に含めませんから、特別損益の内訳科目に前期損益修正益の科目を設けて計上します。

▶摘要（主な取引例）
◎過年度売上高修正益　　　◎過年度会計修正益
◎過年度減価償却超過額修正益　◎過年度商品棚卸修正益
◎過年度引当金修正益　　　◎償却済債権取立益　　　◎前期損益修正益
◎棚卸資産評価額修正益　　◎引当金戻入益

▶仕訳例
◆前期に回収不能の債権300,000円を貸倒処理していたが、当期になってから現金で50,000円を回収することができた。

| 借方 | 現金 | 50,000 | 貸方 | 前期損益修正益 | 50,000 |

◆前期決算の終了後に、棚卸資産から200,000円分の計上不足が判明した。

| 借方 | 期首商品棚卸高 | 200,000 | 貸方 | 前期損益修正益 | 200,000 |

◆前期に購入した機械に問題があり、当期になって1割値引され、値引分の350,000円が預金口座に振り込まれた。この機械の減価償却費から超過分の50,250円を修正した。

| 借方 | 普通預金 | 350,000 | 貸方 | 機械及び装置 | 350,000 |
| | 減価償却累計額 | 50,250 | | 前期損益修正益 | 50,250 |

▶会計処理上のポイント

　償却済み債権に後日入金された場合や棚卸資産の集計修正等に伴う修正益を計上します。
　購入済み資産の値引等の場合は、該当する資産科目を減額するとともに、計上済みの減価償却費は、減価償却累計額から修正分を減額して、前期損益修正益に計上します。

▶税務上の注意点

　一般的には、税務調査の否認項目を当期決算書に遡及修正する場合等に用います。金額的に重要でないものは、雑収入でも処理できます。

固定資産売却損

借方科目

対象：法人

● この科目の概要

　土地、建物、機械及び装置、車両運搬具等の有形固定資産を、簿価（帳簿価額）よりも低額で売却した場合の差損を計上する科目です。

　売却に伴う手数料や売買契約書の印紙代等の諸費用も固定資産売却損に含めて処理します。

● 摘要（主な取引例）

- ◎ 機械下取損
- ◎ 機械売却損
- ◎ 自動車下取損
- ◎ 車両売却損
- ◎ 設備売却損
- ◎ 装置売却損
- ◎ 建物売却損
- ◎ 土地売却損
- ◎ 備品売却損

● 仕訳例

◆取得価額2,000,000円、減価償却累計額1,000,000円の車両を800,000円で売却して、代金を現金で受取った

借方		貸方	
現金	800,000	車両運搬具	2,000,000
減価償却累計額	1,000,000		
固定資産売却損	200,000		

◆取得価額800,000円、簿価300,000円の機械を150,000円で売却した代金が当座預金に入金された。

借方		貸方	
当座預金	150,000	機械及び装置	800,000
減価償却累計額	500,000		
固定資産売却損	150,000		

◆会社所有の土地を16,000,000円で売却した。土地の簿価は20,000,000円で、仲介手数料や売買契約書の印紙代等の諸費用1,200,000円が差し引かれて普通預金に振り込まれた。

借方		貸方	
普通預金	14,800,000	土地	20,000,000
固定資産売却損	5,200,000		

● 会計処理上のポイント

　固定資産売却損は、毎期継続的に発生することは少ないので、特別損失の内訳科目になります。

Part 2　損益計算書の勘定科目

借方科目

固定資産除却損

対象：法人・個人事業者

◉ この科目の概要

土地、建物、機械及び装置、車両運搬具等の有形固定資産を、除却処分した際の損失額を計上する科目です。損失額には、除却する固定資産の簿価（帳簿価額）と、除却に要する諸費用を含めて処理します。

◉ 摘要（主な取引例）

- ◎機械除却損
- ◎構築物除却損
- ◎自動車除却損
- ◎車両除却損
- ◎設備除却損
- ◎装置除却損
- ◎建物除却損
- ◎備品除却損

◉ 仕訳例

◆老朽化した旧店舗を取り壊した。旧店舗の取得価額は10,000,000円で、簿価900,000円、取り壊し費用の600,000円は小切手で支払った。

借方		貸方	
減価償却累計額	9,100,000	建物	10,000,000
固定資産除却損	1,500,000	当座預金	600,000

◆簿価80,000円、取得価額720,000円で法定耐用年数を経過した機械をスクラップ処分し、業者から50,000円受け取った。

借方		貸方	
現金	50,000	機械及び装置	720,000
減価償却累計額	640,000		
固定資産除却損	30,000		

◉ 会計処理上のポイント

除却とは、老朽化した機械装置や建物等の有形固定資産を廃棄処分やスクラップ処分することで、これによる損失が除却損です。廃材や鉄くず等の代金を受け取った場合は、その分を除却損から減額します。

固定資産除却損は、毎期継続的に発生することは少ないので、特別損失の内訳科目になります。

◉ 税務上の注意点

現物を残したまま、帳簿上で処分見込価額を控除した額を固定資産除却損に計上する方法が、有姿除却です。

廃棄処分に多額の費用がかかるなどの理由で、①使用廃止後に通常の方法では再使用の可能性がない、②専用金型等で製品の生産停止に伴って将来の使用可能性がない、ような場合に、有姿除却が認められます。

前期損益修正損

借方科目

対象：法人・個人事業者

▶この科目の概要

　前期以前に会計処理した金額を修正した際に生じる損失額を計上する科目です。過年度の損失額は、当期の経常損益計算に含めませんから、特別損失の内訳科目に前期損益修正損の科目を設けて計上します。

▶摘要（主な取引例）

- ◎過年度売上高修正損
- ◎過年度会計修正損
- ◎過年度商品棚卸修正損
- ◎棚卸資産評価額修正損
- ◎過年度売上値引
- ◎過年度減価償却不足額修正損
- ◎過年度引当金修正損

▶仕訳例

◆前期決算後に、棚卸資産の実地棚卸高が200,000円超過していることが判明した。

| 借方 | 前期損益修正損 | 200,000 | 貸方 | 期首商品棚卸高 | 200,000 |

◆前期に5,000,000円で掛売した商品に問題があり、10％値引きした代金4,500,000円が当座預金に入金された。

| 借方 | 前期損益修正損 | 500,000 | 貸方 | 売掛金 | 5,000,000 |
| | 当座預金 | 4,500,000 | | | |

◆前期決算後、固定資産の減価償却費に120,000円の計上不足があったことが判明した。

| 借方 | 前期損益修正損 | 120,000 | 貸方 | 減価償却累計額 | 120,000 |

▶会計処理上のポイント

　決算済の棚卸資産や売上高の過大計上、売掛金や減価償却費の修正などによる損失を処理する科目です。この科目には、金額的に重要な損失額を計上します。特に重要でないものは雑損失で処理できます。

Part 2　損益計算書の勘定科目

借方科目

法人税、住民税及び事業税／法人税等

対象：法人

▶ この科目の概要

　決算によって支払額の確定した法人税と住民税、事業税を計上する科目です。法人税等の科目を用いることもあります。

　利益を課税標準として課される事業税も、この科目に記載します。

▶ 摘要（主な取引例）

◎事業税　　　　　◎住民税　　　　　◎法人税

▶ 仕訳例

◆決算期に法人税5,500,000円、住民税1,200,000円を計上した。

| 借方 | 法人税、住民税及び事業税 | 6,700,000 | 貸方 | 未払法人税等 | 6,700,000 |

◆決算期に当期の法人税額200,000円と住民税額80,000円を見積もり計上した。なお、源泉税50,000円が仮払税金に計上されている。

| 借方 | 法人税等 | 280,000 | 貸方 | 仮払税金 | 50,000 |
| | | | | 未払法人税等 | 230,000 |

▶ 会計処理上のポイント

　会計上の収益・費用と、税法上の益金・損金には違いがあります。

　法人税は、税引前当期純利益に、税法上の益金・損金に応じて、加算項目を加え、減算項目を減じた課税所得額から、当期の税額を算出します。

　住民税や事業税も、それぞれ算出して、確定税額を見積もり、ここから中間納付した税額や受取利息・配当金から源泉徴収済の所得税額等の仮払税額を控除した金額が、決算時の未払法人税等になります。

　税引前当期純利益から法人税、住民税及び事業税の確定税額を控除し、法人税等調整額を加減した金額が当期純利益です。

▶ 税務上の注意点

　税効果会計を適用する場合、法人税等調整額の対象となる税金は、この科目で処理している法人税、住民税及び事業税です。

債務免除益

貸方科目

対象：法人・個人事業者

● この科目の概要

　財政状態の著しい悪化などの際に、金融機関や取引先、役員・株主等の債権者から受けた債務免除額を計上する科目です。

　生産者や卸売・小売の売却代金など、通常の商取引による支払債務は、2年で時効になります。時効による債務免除額もこの科目に計上します。

● 摘要（主な取引例）

◎買掛金債務免除　　　　　　◎債権者債務免除
◎短期借入金債務免除　　　　◎長期借入金債務免除
◎未払金債務免除

● 仕訳例

◆当社の業績不振に対して債権者会議が開かれた結果、未払金300,000円の債務免除を受けた。

| 借方 | 未払金 | 300,000 | 貸方 | 債務免除益 | 300,000 |

◆役員から短期借入金として2,000,000円借りていたが、業績悪化のため全額債務免除を受けた。

| 借方 | 短期借入金 | 2,000,000 | 貸方 | 債務免除益 | 2,000,000 |

◆倒産した取引先からの買掛金残高100,000円が、2年間経過しても請求されないため、時効による債務免除として計上した。

| 借方 | 買掛金 | 100,000 | 貸方 | 債務免除益 | 100,000 |

● 会計処理上のポイント

　特別利益の内訳科目ですが、少額で、重要性も低い場合は、営業外収益の雑収入に計上することもできます。

　なお、第三者から譲渡された資産に対する債務免除益は、受贈益と見なされる場合もあります。

貸方科目

受贈益

対象：法人・個人事業者

▶ この科目の概要

有形固定資産を第三者から無償譲渡や低額譲渡された場合に、時価との差額を計上する科目です。

▶ 摘要（主な取引例）

◎工芸品　　　　　　◎広告宣伝用ケース　　　◎広告宣伝用資産
◎広告宣伝用冷蔵庫　◎自動車（社名・商品名入り）
◎贈与商品　　　　　◎贈与製品
◎陳列棚（社名・商品名入り）　　　　　　　　◎美術品

▶ 仕訳例

◆時価30,000円の商品を10個、仕入先から贈与された。

借方 仕入高　　　　　300,000　　**貸方** 受贈益　　　　　300,000

◆メーカー名の入った広告宣伝用の自動車（原価1,200,000円）を、メーカーから300,000円で購入し、小切手で支払った。

借方 車両運搬具　　1,200,000　　**貸方** 当座預金　　　　300,000
　　　　　　　　　　　　　　　　　　　　　受贈益　　　　　900,000

◆取引先から時価1,800,000円の車両を500,000円で譲り受けた。

借方 車両運搬具　　1,800,000　　**貸方** 現金　　　　　　500,000
　　　　　　　　　　　　　　　　　　　　　受贈益　　　　1,300,000

▶ 会計処理上のポイント

　メーカー名や商品名の入った広告宣伝資産のうち、自動車・陳列棚・ケース・冷蔵庫等の受贈益は、（贈与側の資産取得価額×2/3）－（受贈側の支出額）で計算して、300,000円以下なら受贈益に計上する必要はありません。受贈側の支出額で資産計上できます。

　また、メーカー名や商品名の入った看板・緞帳、ネオンサイン等の広告宣伝用資産を譲渡された場合、受贈益に計上する必要はありません。

▶ 税務上の注意点

　特別利益の内訳科目ですが、重要性のない程度の少額な場合は、営業外収益の雑収入で処理することもできます。

　多額の資産になる場合は、時価との差額を受贈益に計上します。

借方科目

専従者給与

対象：個人事業者

● この科目の概要

青色事業専従者の給料として支払った金額を計上する科目です。

青色申告の個人事業者は、「青色事業専従者給与に関する届出書」に記載して税務署に提出した金額の範囲内で、生計を一にする配偶者や15歳以上の親族に支払った専従者給与を必要経費として処理できます。

● 摘要（主な取引例）
- ◎親族（専従者）給与
- ◎専従者給与
- ◎父（専従者）給与
- ◎妻（専従者）給与
- ◎母（専従者）給与
- ◎息子（専従者）給与
- ◎娘（専従者）給与

● 仕訳例

◆事業専従者である配偶者に、給与360,000円を源泉税36,000円を控除して、現金で支払った。配偶者の専従者給与は、月400,000円で税務署に提出している。

借方	給料手当	360,000	貸方	現金	324,000
				預り金	36,000

◆事業専従者である息子に、歩合給も含めた給与450,000円から源泉税45,000円を差し引いて指定口座に振り込んだ。息子の専従者給与は、月300,000円で税務署に提出している。

借方	給料手当	300,000	貸方	普通預金	405,000
	事業主貸	150,000		預り金	45,000

● 個人事業者の処理

税務署に「青色事業専従者給与に関する届出書」を提出して承認を受ける必要があります。専従者給与を変更する場合は、変更する年の3月15日までに変更届出書を税務署に提出します。

● 税務上の注意点

税務署に提出した「青色事業専従者給与に関する届出書」に記載した範囲内で、専従期間・業務内容・従事の程度や他の使用人の給与、事業規模、収益状況に対して相応の金額は、必要経費として計上できます。

専従者給与の範囲を超える金額は、必要経費になりません。

Part 2 損益計算書の勘定科目

損益計算書の決算科目

対象：法人

損益計算書の最後に表示される科目です。

税引前当期純利益から法人税、住民税及び事業税を控除し、法人税等調整額を加減して当期純利益を計算します。

会社法では、中間配当や準備金等に関して、剰余金の配当等として、統一的な財源規制が導入されます。

決算処理の流れは、以下のとおりです。
税引前当期純利益－(法人税、住民税及び事業税＋法人税等調整額)＝当期純利益

当期純利益 ── 借方科目
▶ この科目の概要

税引前当期純利益から法人税、住民税及び事業税を引いて、法人税等調整額を加えた数値です。マイナスの場合は、当期純損失になります。

Part 3

貸借対照表の勘定科目

借方科目

現金

対象：法人・個人事業者

▶この科目の概要

　事業用に保有する現金を計上する科目です。紙幣や硬貨等の貨幣だけでなく、外国通貨や即時換金性のある貨幣代用証券等も含まれます。

▶摘要（主な取引例）
- ◎外貨
- ◎官公庁支払命令書
- ◎支払通知書
- ◎通貨　◎通貨代用証券
- ◎トラベラーズチェック
- ◎未渡小切手（期中）
- ◎外国通貨
- ◎公社債利札
- ◎送金為替手形
- ◎当座小切手（他人振出）
- ◎配当金領収書
- ◎郵便為替証書
- ◎仮払領収書
- ◎小切手（他人振出）
- ◎送金小切手
- ◎振替貯金払出証書
- ◎預金手形

▶仕訳例

◆商品を販売して、代金8,000円を現金で受け取った。

| 借方 | 現金 | 8,000 | 貸方 | 売上高 | 8,000 |

◆商品を仕入れた代金200,000円を現金で支払った。

| 借方 | 仕入高 | 200,000 | 貸方 | 現金 | 200,000 |

◆商品の販売代金として100,000円の郵便為替証書が送付された。

| 借方 | 現金 | 100,000 | 貸方 | 売上高 | 100,000 |

▶会計処理上のポイント

　貨幣代用証券とは、即時換金性のあるもので、他人振出の当座小切手や送金小切手、送金為替手形、預金小切手（預金手形）、郵便為替証書、振替貯金払出証書、配当金領収書などを指します。

　貨幣代用証券も、この科目に計上します。

　なお、先日付小切手は、期限まで現金化できないので、受取手形や先日付小切手の科目に計上します。自己振出の小切手は、当座預金で処理します。

▶税務上の注意点

　帳簿残高と現金に差額が生じた場合、現金過不足の科目を設けて、一時的に計上し、原因を調べて該当する科目に仕訳します。決算時まで原因不明で残った現金過不足は、雑収入や雑損失として処理します。

COLUMN　小口現金

◆小口現金という勘定科目
　現金の勘定科目には、貨幣だけでなく貨幣代用証券も含まれているため、日常的に発生する少額の現金支払いまで計上していると、過不足が生じやすく、処理も煩雑になってしまいます。
　また、多額の現金を保有していると、紛失や盗難の危険も伴います。
　そこで、消耗品や交通費等の少額経費の支払いに当てるため、少額の貨幣だけを管理する勘定科目を設ける場合があります。このような少額の現金を管理するための科目が小口現金です。
　小口現金の科目を設けた場合は、支払いの都度、小口現金出納帳に記帳して、実際の残高と照合して現金過不足を防ぎます。決算時には、小口現金の残高を、現金の科目に含めて計上します。

◆定額資金前渡制度と不定額資金前渡制度
　現金の支給方法によって、①定額資金前渡制度（imprest system）と②不定額資金前渡制度という方法があります。
　小口現金への入金は、前渡金の補充に限定して、他の現金は入金しません。小口現金からの支払いは、勘定科目として設けられている経費等に限定して、一定額以上の高額支払は小口現金では行いません。このように管理することで、現金過不足の発生を防ぎます。

◎定額資金前渡制度と不定額資金前渡制度

定額資金前渡制度	一定期間の所要見込額を定めて、その金額を前渡金として小口現金の担当者に支給し、日常的な少額の支払いを行い、毎週・毎月など一定期間の支出額に応じて、支出分を補充する制度。支出分の補充後は、常に一定額が小口現金に保有されている。
不定額資金前渡制度	前渡金の金額を定めずに、残額が少なくなったり、必要な場合に小口現金を補充する。随時補充法ともいう。

◆仕訳例
■小口現金に先月支出分の80,000円を現金から補充した。
　［借方］小口現金　　80,000
　［貸方］現金　　　　80,000
■消耗品の購入代金2,000円を小口現金から支払った。
　［借方］消耗品費　　　2,000
　［貸方］小口現金　　　2,000

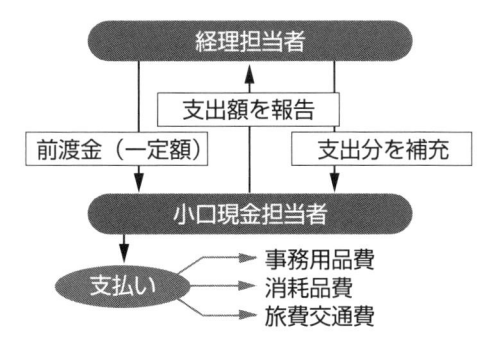

借方科目

預金／普通預金

対象：法人・個人事業者

▶ この科目の概要

　預金残高を計上する科目です。普通預金だけでなく、通知預金・郵便貯金・定期積金等も含まれるので、口座ごとに補助帳簿を設けて管理し、それぞれの通帳残高と照合します。

　普通預金は、いつでも入出金できるもっとも一般的な預金です。

▶ 摘要（主な取引例）

- ◎口座預入
- ◎口座自動引落し
- ◎通知預金解約預入
- ◎定期預金解約預入
- ◎当座預金から振替
- ◎振替出金
- ◎振込出金
- ◎振込入金
- ◎預金預入

▶ 仕訳例

◆売掛金200,000円が普通預金口座に振り込まれた。

| 借方 | 普通預金 | 200,000 | 貸方 | 売掛金 | 200,000 |

◆現金300,000円を普通預金口座に入金した。

| 借方 | 普通預金 | 300,000 | 貸方 | 現金 | 300,000 |

◆普通預金から200,000円引き出して、現金を補充した。

| 借方 | 現金 | 200,000 | 貸方 | 普通預金 | 200,000 |

◆普通預金から1,500,000円を定期預金に振り替えた。

| 借方 | 定期預金 | 1,500,000 | 貸方 | 普通預金 | 1,500,000 |

▶ 会計処理上のポイント

　法人の貸借対照表では、最終的に現金及び預金として処理します。短期定期預金は、普通預金同様に流動資産の科目として処理します。

　1年を超える長期定期預金は、固定資産の投資等に科目を設けて計上し、満期日まで1年以内になったら、流動資産の科目に振り替えます。

▶ 個人事業者の処理

　青色申告決算書では、貸借対照表に、当座預金や定期預金と区分して「その他の預金」の記入欄が設けられています。

借方科目

当座預金

対象：法人・個人事業者

● この科目の概要

当座預金の残高を計上する科目です。当座契約に基づく預金で、小切手や手形の支払用に設ける無利息の預金です。

当座借越契約を締結している場合は、預金残高を超えても借越限度額まで小切手を振り出すことができます。

● 摘要（主な取引例）

- ◎期日取立入金
- ◎口座預入
- ◎口座自動引落し
- ◎小切手振込入金
- ◎通知預金解約預入
- ◎定期預金解約預入
- ◎普通預金から振替
- ◎振出小切手決済
- ◎未渡小切手

● 仕訳例

◆売掛金として受け取った小切手200,000円を当座預金に入金した。

| 借方 当座預金 | 200,000 | 貸方 売掛金 | 200,000 |

◆手形決済のため現金500,000円を当座預金に預け入れた。

| 借方 当座預金 | 500,000 | 貸方 現金 | 500,000 |

◆仕入先に振り出した支払手形50,000円が期日決済された。

| 借方 支払手形 | 50,000 | 貸方 当座預金 | 50,000 |

◆当座借越契約を締結している当座預金残高が、決算時に300,000円のマイナスになっていたので、短期借入金に振り替えた。

| 借方 当座預金 | 300,000 | 貸方 短期借入金 | 300,000 |

● 会計処理上のポイント

決算時の未渡小切手は、当座預金への戻入れ処理を行います。他人振出の受取小切手は、現金の科目に計上します。

当座借越契約を締結していると、一定金額まで当座残高以上の小切手を振り出すことができます。当座借越によって、決算時に残高がマイナスになっている場合、当座借越額は借入金に相当するので、短期借入金の科目に振替処理します。

Part 3 貸借対照表の勘定科目

借方科目

受取手形

対象：法人・個人事業者

▶ この科目の概要

事業収入（売上）の代金を、手形で回収した場合に計上する科目です。

手形には、支払先振出の約束手形と、振出人と支払先の異なる為替手形がありますが、事業の代金回収として受け取った手形は、いずれも受取手形として処理します。

また、期限まで現金化できない先日付小切手も受取手形に計上します。

▶ 摘要（主な取引例）

- ◎裏書手形受取
- ◎為替手形受取
- ◎金融手形受取
- ◎先日付小切手受取
- ◎単名手形受取
- ◎手形書換
- ◎手形期日取立
- ◎手形更改
- ◎手形ジャンプ
- ◎不渡手形
- ◎回し手形受取
- ◎約束手形受取
- ◎融通手形受取

▶ 仕訳例

◆商品の代金200,000円を、納品先振出の約束手形で受け取った。

| 借方 | 受取手形 | 200,000 | 貸方 | 売上高 | 200,000 |

◆取立依頼した手形の600,000円が当座預金へ入金された。

| 借方 | 当座預金 | 600,000 | 貸方 | 受取手形 | 600,000 |

◆売掛金800,000円の回収に際し、1,000,000円の裏書手形を受け取った

| 借方 | 受取手形 | 1,000,000 | 貸方 | 売掛金 | 800,000 |
| | | | | 前受金 | 200,000 |

◆売掛代金として、先日付小切手300,000円を受け取った。

| 借方 | 受取手形 | 300,000 | 貸方 | 売掛金 | 300,000 |

▶ 会計処理上のポイント

受取手形が不渡りになった場合や、割引・裏書等で現金化した手形は、それぞれの科目に計上します。計上日は、原則として、手形の満期日ですが、取立依頼した場合は、入金通知を受けた日付で仕訳します。

なお、事業収入以外で取得した手形の場合は、営業外受取手形の科目を設けて処理します。

COLUMN 手形取引

◆約束手形と為替手形

手形には、約束手形と為替手形の2種類があります。いずれも、支払義務のある債務者が、受取人である債権者に対して、支払期日に額面金額を支払うことを示した有価証券です。

◎約束手形と為替手形

約束手形	手形の振出人が、受取人（名宛人）に対して、支払期日に額面金額の支払いを約束する手形。支払義務は振出人にある。振出人と受取人との二者間取引
為替手形	手形の振出人が、引受人（名宛人）に対して、支払期日に額面金額の支払いを依頼する手形。支払義務は引受人にあり、第三者が受取人（指示人）になる。振出人・引受人・受取人の三者間取引

会計処理上は、約束手形と為替手形の区分はありません。貸借対照表で、受け取った手形は資産の部で受取手形に計上し、振り出した手形は負債の部で支払手形に計上します。

なお、流通している手形の大半は約束手形です。

◆債権者になる受取手形

事業収入（売上）の代金を、回収するために受け取った手形が受取手形で、受取人は手形の債権者になります。

受取手形は、授受原因と受領後の利用内容によって分類します。

◎授受原因による分類

受取手形	売掛金のような通常の営業活動による取引から生じた手形債権
営業外受取手形	固定資産売却のような通常の営業以外の取引から生じた手形債権
担保手形	営業保証金等の受入保証や貸付金に対する見返りに受け取る手形
融通手形（金融手形）	資金調達のために受け取る取引の裏付けを持たない手形

◎利用内容による分類

受取手形	現物が手元に実在するか、取立依頼中の手形
割引手形	金融機関で割引して現金化した手形
裏書手形	支払手形等の代わりに、支払手段として裏書譲渡した手形

◆債務者になる支払手形

事業上の支払いに振り出した手形が支払手形で、振出人は手形の債務者になります。通常の営業活動による取引から生じた債務支払のために約束手形を振り出した場合と、為替手形の引受人（名宛人）になる場合があります。

支払手形と受取手形は、表裏一体で対称的な関係になります。

通常の営業活動による取引以外から生じた債務支払のために振り出した支払手形は、「その他の支払手形」として区分し、1年以内の支払期日の場合は、貸借対照表の流動負債の部に計上し、1年を超える場合は、固定負債の部に計上します。

借方科目

売掛金

対象：法人・個人事業者

▶ **この科目の概要**

事業による商品・製品の販売やサービス・労務提供など、通常の営業活動による取引から生じた未収代金を計上する科目です。

通常の売掛金は、1年を超えても流動資産として計上できます。

▶ **摘要（主な取引例）**

- ◎預り金振替
- ◎売上値引戻入
- ◎割賦販売未収金
- ◎代物弁済
- ◎未収代金
- ◎請負代金未収
- ◎買掛金相殺
- ◎債権譲渡証書
- ◎前受金相殺
- ◎売上代金未収
- ◎掛売上
- ◎代金未収
- ◎前受金振替

▶ **仕訳例**

◆得意先に100,000円の商品を掛売した。

| 借方 | 売掛金 | 100,000 | 貸方 | 売上高 | 100,000 |

◆掛売した商品の代金100,000円が普通預金に振り込まれた。

| 借方 | 普通預金 | 100,000 | 貸方 | 売掛金 | 100,000 |

◆商品の売掛金300,000円を約束手形で回収した。

| 借方 | 受取手形 | 300,000 | 貸方 | 売掛金 | 300,000 |

▶ **会計処理上のポイント**

売掛金は、得意先元帳を設けて得意先ごとに管理します。

通常の営業活動による取引から生じた売掛金でも、1年以内に回収不可能なことが明らかな破産債権・再生債権・更生債権等は、売掛金に計上できません。長期間滞留している売掛金で、得意先との取引がなくなっているような場合は、不良債権として調査する必要があります。

▶ **税務上の注意点**

建設業では、「完成工事未収入金」のような科目名を用いる場合もあります。

割賦販売契約による割賦売掛金については、通常の売掛金と区別して処理します。割賦売掛金は、代金の回収期限が1年以上に及ぶ場合でも、流動資産に計上します。

借方科目

有価証券

対象：法人・個人事業者

◉この科目の概要

売買目的で短期間の資金運用のため一時的に保有している市場性のある株式や1年以内に償還予定の国債・地方債・社債等の債券および投資信託受益証券等の金額を計上する科目です。

有価証券の売買委託手数料等の取得費用も有価証券の取得価額に含めて計上します。

◉摘要（主な取引例）

- ◎外国企業株券
- ◎外国企業債券
- ◎貸付信託受益証券
- ◎株式
- ◎公債
- ◎国債
- ◎社債
- ◎新株予約権付社債
- ◎短期国債
- ◎地方債
- ◎中国ファンド（短期）
- ◎投資信託受益証券
- ◎売買目的株式
- ◎売買目的有価証券
- ◎無償増資株式
- ◎有価証券売買委託手数料
- ◎利付債券

◉仕訳例

◆売買目的で株価600円の上場株式を5,000株購入して、売買委託手数料30,000円とともに小切手で支払った。

借方 有価証券　　　3,030,000　　**貸方** 当座預金　　　3,030,000

◆簿価2,500,000円の株式を3,000,000円で売却し、売買委託手数料30,000円を引いた売却代金が普通預金に入金された。

借方 普通預金　　　2,970,000　　**貸方** 有価証券　　　2,500,000
　　　　　　　　　　　　　　　　　　　　　有価証券売却益　　470,000

◉会計処理上のポイント

法律上で有価証券に含まれる手形や小切手、収入印紙や切手は、この科目に計上しません。

◉税務上の注意点

法人の場合、売買目的有価証券は、決算期の時価で評価して、評価損益を計上します。

売買目的以外で保有する株式や1年を超える償還予定の債券等は、「投資有価証券」の科目で、固定資産として計上します。

商品／棚卸資産

借方科目

対象：法人・個人事業者

● この科目の概要

販売（転売）目的で仕入れた物品を処理する科目で、製品との違いは加工せずに販売することです。

毎決算期に棚卸を行い、期末商品棚卸高を決算時の棚卸資産に計上します。期末商品棚卸高の金額は、決算期末に翌期の期首商品棚卸高として貸借対照表の商品（棚卸資産）の科目に振り替えます。

● 摘要（主な取引例）

- ◎仕入商品
- ◎試供品
- ◎商品
- ◎積送品
- ◎販売用商品
- ◎未着品
- ◎見本品

● 仕訳例

◆期末棚卸で商品1,200,000円分の在庫を確認した。期首の在庫は1,500,000円であった。

借方	期首商品棚卸高	1,500,000	貸方	商品	1,500,000
	商品	1,200,000		期末商品棚卸高	1,200,000

◆前期末の商品3,000,000円を、期首商品棚卸高に振り替えた。

借方	期首商品棚卸高	3,000,000	貸方	商品	3,000,000

● 会計処理上のポイント

不動産業者が販売目的で保有する土地・建物や、証券業者が販売目的で所有する有価証券、販売目的で仕入れたデータ処理用のプログラムや関連文書も商品に含まれます。

● 税務上の注意点

棚卸資産の評価方法は、①原価法（取得原価基準）か②低価法（低価基準）を用いて、先入先出法や後入先出法、総平均法、最終仕入原価法などの取得価額の算出方法から、あらかじめ税務署に届け出た方法を適用します。届け出ていない場合は、最終仕入原価法になります。なお、時価性のある商品の評価損は、売上原価か営業外費用の内訳科目として計上します。

□最終仕入原価法

期末に最も近い時期に仕入れたその棚卸資産の取得価額 × 期末棚卸資産の数量 ＝ 期末棚卸高

製品／棚卸資産

借方科目

対象：法人・個人事業者

◉この科目の概要

　製造業者や法人の製造部門が、販売用に製造・加工した完成品を処理する科目で、商品との違いは、自社で製造・加工することです。

　完成するまでは仕掛品に計上し、完成時に製品の科目に振り替えます。

　自社で開発したデータ処理用のプログラムや関連文書等も製品に含まれます。また、最終的な完成品でなくても、取引先に販売可能な部品などは、製品として計上します。

◉摘要（主な取引例）

◎完成済製品　　◎完成済部品　　◎完成品受入　　◎作業くず
◎自社製品　　　◎製造原価振替　◎製造副産物　　◎製品

◉仕訳例

◆期末棚卸の結果、完成済製品1,000,000円を確認した。期首の仕掛品は1,500,000円だった。

借方	期首仕掛品	1,500,000	貸方	仕掛品	500,000
				製品	1,000,000

◆決算期に、期末製品棚卸高1,000,000円を資産計上した。

借方	製品	1,000,000	貸方	期末製品棚卸高	1,000,000

◆前期末に資産計上した期末製品棚卸高1,000,000円を、翌期の期首製品棚卸高に振り替えた。

借方	期首製品棚卸高	1,000,000	貸方	製品	1,000,000

◉会計処理上のポイント

　棚卸資産の評価方法は、商品と同様に、①原価法（取得原価基準）か②低価法（低価基準）を用いて、先入先出法や後入先出法、総平均法、最終仕入原価法などの取得価額の算出方法から、あらかじめ税務署に届け出た方法を適用することになります。

◉税務上の注意点

　製品の科目を計上する業種では、製造過程の原価計算を行います。原価計算は、個別原価計算と総合原価計算に大別されます。製造原価は、原材料費・労務費・製造経費という製造原価の3要素で構成されます。

COLUMN 棚卸資産の評価方法

◆売上高・売上原価・在庫を確認する

商品や製品を販売して収益を得る事業の流れを整理すると、仕入れた物品に、いわゆる粗利（売上総利益）加えて販売し、売れ残りが在庫になります。

一般的な会計処理では、これを3分法（3分割法）と呼ばれる方法で、①仕入（入庫）・②売上（出庫）・③在庫（残高）に分割して把握します。この在庫が棚卸資産に相当します。

仕入れた物品が、会計期間内に全て売り切れれば、「粗利＝売上（総売上高）－仕入（総仕入高）」の計算になるので簡単です。

しかし、現実には、前期から繰り越した在庫（期末棚卸高）を今期に販売したり、今期の在庫（期末棚卸高）を、来期に繰り越しています。さらに、製造業では、製造経費等を加えた製造原価の計算も必要です。

実際には「粗利＝売上高－売上原価」の計算になります。

この売上原価を算出するために、期首・期末の在庫（棚卸高）の把握が必要になります。売上原価は、「売上原価＝期首棚卸高＋仕入高（製造原価）－期末棚卸高」の計算式で算出します。

粗利（売上総利益）＝売上高－売上原価

売上原価＝期首棚卸高＋仕入高（製造原価）－期末棚卸高

◆棚卸資産を評価する方法

当期の粗利（売上総利益）を算出するには、売上原価を計算しますが、売上原価の計算には、期首・期末の棚卸高が必要になります。

商品や原材料などの物品の仕入価格は、同じ種類の物品でも常に一定とは限りません。仕入先が同じでも価格変動があったり、仕入先が異なれば別の仕入価格になる場合もあります。また、季節によって大幅に価値の低下する物品もあります。

そこで、棚卸資産の価値をどのように評価するかが問題になります。

◆棚卸資産の評価方法

棚卸資産の評価方法は、大別すると原価法（取得原価基準）と低価法（低価基準）です。原則は原価法による評価で、棚卸資産の種類や品質・型などに応じて、①個別法、②先入先出法、③後入先出法、④総平均法、⑤移動平均法、⑥単純平均法、⑦最終仕入原価法、⑧売価還元法の8種類から税務署に届け出た方法で評価します。

また、原価法による評価より期末の市場価値が低下するような物品には、税務署に届け出て低価法を採用することもできます。さらに、特殊な評価方法を税務署に申請することも可能です。

なお、届け出ていない場合は、最終仕入原価法になります。

◎棚卸資産と売上原価の関係

期首棚卸高（残高）	売上原価	
当期仕入高 （製造原価）	期末棚卸高（残高）	→ 翌期首棚卸高

◎棚卸資産の評価方法

①個別法	棚卸資産の全部について、それぞれ個々の取得価額を評価額として計算する方法。高額な物品に用いるが、個別管理が必要。
②先入先出法	棚卸資産を種類や品質等で区別し、仕入れた順に出庫したと見なして期末に最も近い時期の取得価額で計算する方法。
③後入先出法	棚卸資産を種類や品質等で区別し、最後に仕入れた物品から出庫したと見なして期首に最も近い時期の取得価額で計算する方法。
④総平均法	棚卸資産を種類や品質等で区別し、それぞれ期首棚卸高と当期仕入高の合計を総数量で割って一単位の取得価額とする方法。
⑤移動平均法	棚卸資産を種類や品質等で区別し、それぞれ仕入れの度に残高と新規仕入高の平均単価を計算して一単位の取得価額とする方法。
⑥単純平均法	棚卸資産を種類や品質等で区別し、それぞれ取得価額の異なるものを単純に平均して一単位当たりの取得価額とする方法。
⑦最終仕入原価法	棚卸資産を種類や品質等で区別して、それぞれ期末に最も近い時期の取得価額をその一単位当たりの取得価額とする方法。
⑧売価還元法	棚卸資産を種類や品質等で区分して、それぞれ通常の販売価格に原価率を掛けて計算した金額をその取得価額とする方法。

◆棚卸資産に含まれるもの

棚卸資産には、商品や製品・原材料のほかにも、未着品・積送品・仕掛品・半製品・副産物などが含まれます。また、消耗品や事務用品、期末まで大量に保管している未使用分の工具器具備品等、切手や葉書・収入印紙なども貯蔵品として棚卸資産に計上することになります。

◆未着品

仕入れて運送中の物品です。遠隔地から買い付けて船便などで輸送中の物品を資産として計上する科目です。資産総額の100分の1を超える場合には、未着品等の科目を設ける必要があります。

◆積送品

委託販売のために受託先に対して送付した物品です。委託販売で販売されるまで資産として計上する科目です。資産総額の100分の1を超える場合には、積送品等の科目を設ける必要があります。

◆半製品

製造工程の途中で、最終的な製品としては完成していない状態でも、中間工程を終了していて、そのままで外部に販売可能な未完成品を指します。棚卸資産として製造原価の評価が必要になります。

なお、そのままでは販売できない未完成品は、仕掛品に計上します。

◆副産物

製造工程の途中で、製品とは別に派生する物品のことです。そのまま外部に売却できるものと、加工の上売却できるもの、そのまま自家消費されるもの、加工の上自家消費されるものなどの違いによって、それぞれの評価額を計上します。

原材料

借方科目

対象：法人・個人事業者

○この科目の概要

　製品を製造するために仕入れた原料・材料・部品等の金額を計上する科目です。製造業では、各期末に、完成した製品や半製品・仕掛品のほかに、未使用で保管している原材料も棚卸資産として計上します。

　製品の製造以外の目的に使用した原材料は、該当する科目に振り替えます。

○摘要（主な取引例）
◎原料　◎工場消耗品　◎材料　◎主要原材料　◎素材
◎消耗工具器具備品　◎燃料　◎部品　◎補助原材料

○仕訳例
◆期末の棚卸で原材料2,000,000円を資産に計上した。
借方 原材料　　　2,000,000　　**貸方** 期末材料棚卸高　2,000,000
◆期首に前期末の原材料2,000,000円を振り替えた。
借方 期首材料棚卸高　2,000,000　　**貸方** 原材料　　　2,000,000

○会計処理上のポイント

　原材料は、原料と材料の双方を指します。原料は、製造過程の化学変化などで製品中に素材としての原状をとどめない物品、材料は、製造過程で物理的な変化をしても製品中に素材としての原状をとどめる物品です。製品や半製品に組み込むために仕入れた部分品も原材料に含まれます。

○個人事業者の処理

　製造業等で原価計算を行う場合、青色申告決算書の「製造原価の計算」の表に、原材料費の内訳科目として、原材料仕入高の記入欄があります。製造原価は、原材料費・労務費・製造経費という製造原価の3要素で構成されます。

○税務上の注意点

　仕入れに伴う引取運賃や購入手数料、関税などの付随費用（仕入諸掛）は、原則として、取得価額に加算しますが、①買入事務・検収・整理・選別・手入れ等の費用、②工場から工場への移管運賃・荷造費等の費用、③特別の時期に販売する等で長期保管する費用などで、購入代価のおおむね3％以内の金額などは、販売費及び一般管理費として計上できます。

仕掛品

借方科目

対象：法人・個人事業者

●この科目の概要

　工場等の製造過程の途中で、そのままでは販売できない未完成品を計上する科目です。未完成品の製造原価を振替処理する科目として、期首仕掛品と期末仕掛品に大別されます。

　製品の製造工程上の仕掛品だけでなく、半製品や部分品を製造する工程上の未完成品も含まれます。半製品や部分品との違いは、仕掛品自体を単独で販売や貯蔵できない点です。未完成品でも、そのまま販売可能な半製品や部分品は、半製品の科目を設けて計上します。

●摘要（主な取引例）
- ◎加工途中の製品在庫
- ◎工程上の製品在庫
- ◎製造過程の在庫
- ◎製造工程済仕掛品
- ◎製造中部品
- ◎製造途中の製品
- ◎製造ライン上の製品
- ◎倉庫入庫済の仕掛品

●仕訳例
◆期末の棚卸で、仕掛品棚卸高2,000,000円を資産に計上した。
借方 仕掛品　　　　　2,000,000　　**貸方** 期末仕掛品棚卸高　2,000,000

◆期首に、前期末の仕掛品2,000,000円を振り替えた。
借方 期首仕掛品棚卸高　2,000,000　　**貸方** 仕掛品　　　　　2,000,000

●会計処理上のポイント

　仕掛品の範囲は、業種業態によって異なります。なお、製造に要した用役やソフトウェア業のデータ処理用プログラムや関連文書で、販売目的のために保有・生産途中のものも含まれます。

　また、建設業等における未成工事支出金も仕掛品に計上します。

●税務上の注意点

　製造原価の計算を行っている場合には、仕掛品を先入先出法・後入先出法・総平均法等の方法で評価します。製造原価の計算を行っていない場合は、製品と一括して売価還元法によって仕掛品を評価します。

Part 3　貸借対照表の勘定科目

貯蔵品

借方科目

対象：法人・個人事業者

▶ この科目の概要

消耗品や事務用品、切手・印紙、工具器具備品、梱包材料や会社保有の燃料等の未使用分を管理する科目です。

原則は、購入時に貯蔵品として計上し、使用時に経費計上することになりますが、処理が煩雑になるので、実務上は、購入時に経費計上して、期末に未使用分を貯蔵品として棚卸資産に振替処理することになります。

▶ 摘要（主な取引例）

- ◎器具（未使用）
- ◎工具器具備品（未使用）
- ◎収入印紙（未使用）
- ◎伝票（未使用）
- ◎文房具（未使用）
- ◎切手（未使用）
- ◎梱包材料（未使用）
- ◎消耗品（未使用）
- ◎燃料（未使用）
- ◎工具（未使用）
- ◎事務用品（未使用）
- ◎帳票（未使用）
- ◎備品（未使用）

▶ 仕訳例

◆期末の棚卸で、未使用の作業用工具100,000円分を確認した。この工具は費用として消耗品費に計上している。

| 借方 | 貯蔵品 | 100,000 | 貸方 | 消耗品費 | 100,000 |

◆期末に未使用の切手50,000円を貯蔵品に計上した。

| 借方 | 貯蔵品 | 50,000 | 貸方 | 通信費 | 50,000 |

▶ 会計処理上のポイント

貯蔵品の取得価額には、引取運賃や買入事務、検収等に要した付随費用（仕入諸掛）も、原則として加算しますが、①買入事務・検収・選別等の費用、②倉庫から倉庫への移管運賃・荷造費等の費用、③特別の時期に販売する等で長期保管する費用などで、購入代価のおおむね3％以内の金額などは、販売費及び一般管理費として計上できます。

▶ 税務上の注意点

貯蔵品の取得に要した費用は、原則として、消費した日の属する事業年度に損金算入します。ただし、事務用消耗品や作業用消耗品等で、毎年度おおむね一定量を取得して、経常的に消費するものは、継続して適用することを条件に、取得時の事業年度に損金算入することも可能です。

前渡金／前払金

借方科目

対象：法人・個人事業者

◉この科目の概要

商品や原材料の仕入れや外注サービス等の受け入れに際して、取引先に前払いした金額を計上する科目です。手付金のような名称の場合もあります。また、製品の外注加工等のための前払金も含みます。

◉摘要（主な取引例）

- ◯外注費前払
- ◯材料費前払
- ◯商品手付金
- ◯代金前払
- ◯手付金
- ◯前払金

◉仕訳例

◆商品を購入するための前渡金300,000円を小切手で支払った。

| 借方 | 前渡金 | 300,000 | 貸方 | 当座預金 | 300,000 |

◆150,000円の商品を仕入れる際に、前渡金として50,000円支払った。残額は掛けで翌月末払いになっている。

| 借方 | 仕入高 | 150,000 | 貸方 | 前渡金 | 50,000 |
| | | | | 買掛金 | 100,000 |

◆外注先に前渡金600,000円を現金で支払った。

| 借方 | 前渡金 | 600,000 | 貸方 | 現金 | 600,000 |

◉会計処理上のポイント

前渡金は、支払代金の一部または全部を、仕入れや外注サービス等の受け入れ前に支払った金額を、一時的に処理するための科目ですから、仕入れや外注サービス等の受け入れ後には、買掛金と相殺します。

なお、支払時に前渡金の科目を用いずに、決算時まで買掛金として計上し、決算時に前渡金に振替処理する方法も可能です。

◉税務上の注意点

土地・建物等の固定資産を取得するために前払いした金額（建設前渡金）については、有形固定資産に建設仮勘定等の科目を設けて計上します。前渡金としては計上しないことに注意しましょう。

Part 3 貸借対照表の勘定科目

立替金

借方科目

対象：法人・個人事業者

▶この科目の概要

　従業員や役員、子会社や取引先等の他人が負担すべき金額を、一時的に立替払いした際に計上する科目です。一時的な金銭の融通なので、利息は発生しませんが、早期に回収する必要があります。相手に応じて、従業員立替金や役員立替金などの科目を設けることも可能です。

▶摘要（主な取引例）

- ◎一時立替
- ◎関係会社への立替
- ◎給付金立替
- ◎子会社への立替
- ◎個人負担金立替
- ◎従業員への立替
- ◎商品券による売上
- ◎立替金
- ◎取引先への立替
- ◎保険料立替
- ◎役員への立替

▶仕訳例

◆労働保険の概算保険料550,000円を現金で支払った。本人負担分100,000円は、立替金で処理している。

借方		貸方	
法定福利費	450,000	現金	550,000
立替金	100,000		

◆役員への立替金700,000円を、短期の役員貸付金に振り替えた。

借方		貸方	
役員短期貸付金	700,000	立替金	700,000

◆10,000円の商品を販売し、3,000円分の商品券と現金を受け取った。

借方		貸方	
立替金	3,000	売上高	10,000
現金	7,000		

▶会計処理上のポイント

　本人負担分の保険料や取引先従業員の同行する出張旅費等の一時的な立替払いが該当します。他社発行の商品券やギフト券等で商品を販売した場合も、発行元との精算時まで立替金として処理します。

　資産総額の100分の1を超える金額は、流動資産の部に「立替金」として表示し、それ以外は「その他の流動資産」に含めます。

▶税務上の注意点

　立替金に利息は生じませんが、役員や従業員等への立替金でも、長期間に及ぶ場合は、貸付金に振り替えて、第三者への貸付金同様に利息を付加します。

短期貸付金

借方科目

対象：法人・個人事業者

●この科目の概要

　返済期限1年以内で、従業員や役員、子会社や取引先等に貸し付けた金額を計上する科目です。

　従業員への福利厚生としての資金援助は「従業員短期貸付金」、役員の場合は「役員短期貸付金」、子会社へは「子会社短期貸付金」等の科目を設けて計上します。

●摘要（主な取引例）
- ◎子会社貸付金
- ◎住宅資金融資
- ◎従業員貸付金
- ◎短期貸付金
- ◎手形貸付金
- ◎取引先貸付金
- ◎役員貸付金

●仕訳例

◆従業員の住宅購入に対する資金援助として、短期貸付金8,000,000円を振り込んだ。

借方	短期貸付金	8,000,000	貸方	普通預金	8,000,000

◆当社役員に現金1,000,000円を、6か月の期限で貸し付けた。

借方	短期貸付金	1,000,000	貸方	現金	1,000,000

◆取引先への短期貸付金800,000円が当座預金に返済された。

借方	当座預金	800,000	貸方	短期貸付金	800,000

●会計処理上のポイント

　短期・長期の区別は、1年以内に支払期日が到来するか否かによって区別します。1年基準（ワン・イヤー・ルール）によって、決算日の翌日から1年以内に返済期限の到来するものが短期です。

　長期貸付金に計上していた貸付金でも、支払期日が決算日の翌日から1年以内に到来することになったら、短期貸付金に振り替えます。

●税務上の注意点

　短期貸付金の利息は、継続適用を条件として支払期日に計上できます。

　貸付金には利息が伴います。無利息の貸付金は、経済的な利益供与と見なされるので注意しましょう。貸付金に対する利息は、受取利息に計上します。

借方科目

未収金／未収入金

対象：法人・個人事業者

● この科目の概要

通常の事業以外の取引で発生した未収金額を計上する科目です。

具体的には、土地・建物や機械等の固定資産の売却や有価証券売却代金のような資産を売却した場合の未収金額等が該当します。

● 摘要（主な取引例）

- ◎機械売却代金の未収
- ◎工具売却代金の未収
- ◎固定資産売却代金の未収
- ◎自動車売却代金の未収
- ◎設備売却代金の未収
- ◎建物売却代金の未収
- ◎土地売却代金の未収
- ◎未収売掛金
- ◎有価証券売却代金の未収
- ◎器具売却代金の未収
- ◎構築物売却代金の未収
- ◎作業くず売却代金の未収
- ◎車両売却代金の未収
- ◎装置売却代金の未収
- ◎建物付属設備売却代金の未収
- ◎備品売却代金の未収
- ◎未収代金

● 仕訳例

◆取得価額1,000,000円、簿価600,000円の作業用機械を680,000円で売却した。代金は未収である。

借方		貸方	
未収金	680,000	機械装置	1,000,000
減価償却累計額	400,000	固定資産売却益	80,000

◆売却した作業用機械の代金680,000円が当座預金に入金された。

借方		貸方	
当座預金	680,000	未収金	680,000

● 会計処理上のポイント

1年基準（ワン・イヤー・ルール）によって、決算日の翌日から1年以内に期限の到来する未収金（未収入金）は流動資産、1年を超える場合は投資等として処理します。

資産総額の100分の1を超える場合には、「未収金」等の科目を設けて表示し、それ以外は「その他」として流動負債の部や投資その他資産の部に表示します。

未収金（未収入金）と類似した科目に、未収収益があります。未収収益は、一定の契約に従って、継続して役務を提供した場合の未収金額を計上する科目なので区別します。

未収収益

借方科目

対象：法人・個人事業者

● この科目の概要

継続して役務を提供する契約に従って、すでに提供した役務に対して、支払いを受けていない未収金額を計上する経過勘定の科目です。

未収収益とは、具体的には、賃貸借契約による未収家賃や地代、期日到来前の未収利息等のように、本来の営業活動以外の役務提供契約による取引から生じる営業外収益のことです。

● 摘要（主な取引例）

- ◎未収請負売上
- ◎未収受取利息
- ◎未収地代
- ◎未収賃貸料
- ◎未収手数料
- ◎未収家賃
- ◎未収利息

● 仕訳例

◆決算期に、長期定期預金の当期分未収利息12,000円を、解約利率に換算して計上した。

| 借方 | 未収収益 | 12,000 | 貸方 | 受取利息 | 12,000 |

◆10,000円で計上していた定期預金の未収収益25,000円が入金された。

| 借方 | 定期預金 | 25,000 | 貸方 | 受取利息 | 15,000 |
| | | | | 未収収益 | 10,000 |

● 会計処理上のポイント

継続的に役務を提供する契約に従った提供済役務に対して、入金の見込める未収金額を計上することが原則ですが、重要性のない摘要の場合には、未収収益とせずに、入金時に計上して差し支えありません。

未収収益は、役務提供契約を伴いますから、通常の事業以外の取引の未収金額を計上する未収金（未収入金）とは区別します。

● 税務上の注意点

建設業等で継続的な役務提供の契約に従って行う請負による売上は、本来の営業活動になります。この場合は「完成工事未収入金」の科目を用いることになります。完成工事未収入金の計上は、請求書の日付でなく、役務提供の終了時になります。

借方科目

前払費用

対象：法人・個人事業者

◉ この科目の概要

　継続的に役務提供を受ける契約に従って支払った代金のうち、まだ役務提供を受けていない未経過分の金額を計上する経過勘定の科目です。

　前払費用とは、具体的には、賃貸借契約によって前払いした家賃・地代、先払いした未経過保険料、未経過リース料等のように、本来の営業活動以外の役務提供契約による取引から生じる支払費用のことです。

◉ 摘要（主な取引例）
◎短期広告料金の前払　◎短期保険料の前払　◎短期リース料の前払
◎前払経費　◎前払地代　◎前払賃借料　◎前払保険料　◎前払家賃
◎未経過支払利息　◎未経過保険料　◎未経過リース料　◎未経過割引料

◉ 仕訳例
◆今月分と来月分の家賃各300,000円を小切手で支払った。

借方	地代家賃	300,000	貸方	当座預金	600,000
	前払費用	300,000			

◆前期に前払費用として計上した火災保険料150,000円を、当期の保険料に振り替えた。

借方	保険料	150,000	貸方	前払費用	150,000

◉ 会計処理上のポイント

　前払費用と未収収益とは、対極的な経過勘定の科目です。前払いした家賃・地代、保険料等は、支払いが先行しても役務提供を受けていません。このような未経過分の費用は、当期の費用にできませんから、前払費用として計上します。

　会計処理では、支出時に一旦、未経過分を前払費用に計上して順次費用に振り替える方法と、支出時に該当科目に費用計上しておいて、期末の未経過分を前払費用に振り替える方法があります。

◉ 税務上の注意点

　法人が継続的に役務提供を受ける契約に従っている場合、1年基準（ワン・イヤー・ルール）によって、支払日から1年以内に役務提供を受けるものに関しては、継続して適用することを条件に、支払日の属する事業年度に全額費用計上することも可能です。

COLUMN　経過勘定

◆経過勘定の科目
経過勘定には、①前払費用、②前受収益、③未払費用、④未収収益の科目があります。いずれも一定の契約に従って、継続して役務を提供し、これを受ける場合に、費用と役務提供の関係を処理する科目です。

◆時間の経過に伴って処理する科目
会計処理は、前期・当期・翌期のように決算期で区切られますが、家賃や保険料の支払いなどは、決算期をはさんで継続して前払いされている場合があります。すると、前期に支払った家賃や保険料が当期分に相当したり、当期に受けた役務提供の支払いが翌期になる場合があります。

経過勘定の科目は、このように時間の経過とともに生じる収益や費用を調整するために設けられています。

企業会計原則では、発生主義の原則で「前払費用及び前受収益は、これを当期の損益計算から除去し、未払費用及び未収収益は、当期の損益計算に計上しなければならない」としています。

○経過勘定の科目

①前払費用	支払った代金のうち、役務提供を受けていない未経過分の金額。時間の経過とともに翌期以降の費用となるので、当期の損益計算から除去し、貸借対照表の資産の部に計上する。前払金とは区別する。
②前受収益	支払いを受けているが、役務提供していない未経過分の金額。時間の経過とともに翌期以降の収益となるので、当期の損益計算から除去し、貸借対照表の負債の部に計上する。前受金とは区別する。
③未払費用	役務の提供を受けたが、決算時点で期日未到来のため対価の支払いが終らないもの。当期の費用として発生しているので、当期の損益計算に計上するため、貸借対照表の負債の部に計上する。未払金とは区別する。
④未収収益	役務を提供したが、まだ支払いを受けていない未収金額。当期の収益として発生しているので、当期の損益計算に計上するため、貸借対照表の資産の部に計上する。未収金とは区別する。

○各経過勘定の関係

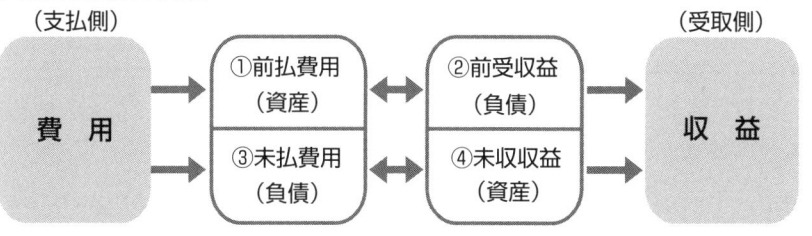

（支払側）　　　　　　　　　　　　　　　　　　　　　　　（受取側）

費用 → ①前払費用（資産） ⇔ ②前受収益（負債） → 収益
費用 → ③未払費用（負債） ⇔ ④未収収益（資産） → 収益

借方科目

仮払金

対象：法人・個人事業者

▶ この科目の概要

　使途や金額の確定しない支出を一時的に概算計上するための科目です。現金や小切手で支出された仮払金は、後日、早期に精算して、旅費交通費や接待交際費等の各該当科目に振り替えます。

▶ 摘要（主な取引例）
- ◎仮払金の支払い
- ◎給料の仮払い
- ◎出張仮払金
- ◎接待費の仮払い
- ◎仮払金精算
- ◎交際費の仮払い
- ◎出張旅費の仮払い
- ◎接待費精算
- ◎仮払交通費
- ◎交際費精算
- ◎出張旅費精算
- ◎賃金の仮払い

▶ 仕訳例

◆従業員の出張に際し、現金100,000円を仮払いした。

| 借方 | 仮払金 | 100,000 | 貸方 | 現金 | 100,000 |

◆出張から戻った社員が仮払金100,000円を精算した。内訳は交通費80,000円、出張旅費規程による日当12,000円で、残額8,000円を現金で返却した。

| 借方 | 旅費交通費 | 92,000 | 貸方 | 仮払金 | 100,000 |
| | 現金 | 8,000 | | | |

▶ 会計処理上のポイント

　仮払金は、あくまでも期中に概算計上している未決算勘定の金額ですから、決算時には該当する科目に振り替えて処理します。

　仮払金を含め、その他の未決算勘定が資産総額の100分の1を超える場合には、流動資産の部に「仮払金」として表示し、それ以外は「その他の流動資産」に含めます。

▶ 税務上の注意点

　出張に際しての旅費交通費や接待交際費などが代表的な仮払金になりますが、使途不明金につながりやすい科目なので扱いに注意しましょう。

　出張旅費規程の整備にも留意しましょう。特に海外出張に際して、役員報酬や給料に該当する可能性のある項目に注意します。

借方科目

仮払消費税

対象：法人・個人事業者

▶この科目の概要

　税抜方式を選択している課税事業者が、課税仕入の都度、消費税の金額を計上する科目です。期末に仮払消費税と仮受消費税の差額を未払消費税として算出し、消費税を申告・納付します。

▶摘要（主な取引例）
◎課税仕入　　　　　◎仮払消費税　　　　　◎控除対象外消費税額
◎税込処理修正　　　◎税抜仕入　　　　　　◎外税仕入
◎未払消費税

▶仕訳例

◆105,000円の商品を掛仕入した。

借方	仕入高	100,000	貸方	買掛金	105,000
	仮払消費税	5,000			

◆決算期に、仮受消費税800,000円と仮払消費税500,000円から未払消費税として納付消費税額300,000円を計上した。

借方	仮受消費税	800,000	貸方	仮払消費税	500,000
				未払消費税	300,000

▶会計処理上のポイント

　消費税の経理処理には、税抜方式と税込方式があり、損金算入時期が異なります。税抜方式と税込方式の選択は、事業主の任意になりますが、原則として、すべての取引に同一の方式を適用します。

▶税務上の注意点

　税抜方式は、仮受消費税と仮払消費税の科目を設けて、損益計算に消費税を関連させない方法です。この場合、消費税を除いて仕入高・売上高を計上します。仕入に伴う消費税は仮払消費税、売上に伴う消費税は仮受消費税の科目に計上します。仮受消費税から仮払消費税を控除した金額が消費税の納付額になります。マイナスの場合は、還付税額です。

　税込方式は、仕入高・売上高に消費税を含めて計上し、納付税額は租税公課として損金算入し、還付税額は雑収入等で益金算入します。

　なお、免税事業者は、すべて税込方式になります。

不渡手形

借方科目

対象：法人・個人事業者

▶ この科目の概要

　取引先の倒産などで、決済日になっても支払われない手形を処理するための科目です。決算時段階では、この手形が貸倒損失となるか回収可能になるか不明なため不渡手形の科目に計上します。

▶ 摘要（主な取引例）

- ◎受取手形不渡
- ◎裏書手形不渡
- ◎回収不能見込手形
- ◎不渡手形
- ◎約束手形不渡
- ◎割引手形不渡

▶ 仕訳例

◆銀行に取立依頼していた約束手形600,000円が不渡りになった。

借方	不渡手形	600,000	貸方	受取手形	600,000

◆取引先からの受取手形300,000円が不渡りとなり、取引先に請求して、利息500円とともに現金で受け取った。

借方	現金	300,500	貸方	不渡手形	300,000
				受取利息	500

◆支払いのため裏書譲渡した手形500,000円が不渡りになり、手形の受取先からの買戻請求に対して現金で支払った。

借方	不渡手形	500,000	貸方	現金	500,000
	裏書手形	500,000		受取手形	500,000

▶ 会計処理上のポイント

　通常は、相手先が手形交換所の取引停止処分を受けた時点で、不渡手形として計上します。不渡りとは、手形債務が不履行になることで、6か月以内に2回の不渡りを出すと、銀行取引の停止処分を受けて、事実上倒産することになります。

　裏書手形が不渡りになった場合、手形の受取人は、手形代金を裏書人に遡及して請求することができます。裏書譲渡した手形が不渡りになった場合、手形の遡及による偶発債務が発生することに注意しましょう。

借方科目

貸倒引当金

対象：法人・個人事業者

◉ この科目の概要

　売掛金や受取手形等が回収不能になる貸倒損失に備えて、あらかじめ引当金として見積計上する科目です。売掛金等の債権に対して、一定割合の繰入限度額まで計上できるので、貸倒損失が発生しなくても、保険・貯蓄的な役割と節税効果を持つ場合もあります。

◉ 摘要（主な取引例）

- ◎貸倒金　　◎貸倒損失　　◎貸倒引当金繰入　　◎貸倒引当金戻入
- ◎債権回収不能　　◎債権償却特別勘定　　◎取立不能見込額

◉ 仕訳例

◆貸倒損失に対して、前期に貸倒引当金200,000円を設定している。当期になって、ある取引先への売掛金500,000円が貸倒れになった。

①前期決算時

| 借方 | 貸倒引当金繰入 | 200,000 | 貸方 | 貸倒引当金 | 200,000 |

②貸倒発生時

| 借方 | 貸倒損失 | 500,000 | 貸方 | 売掛金 | 500,000 |

③当期決算時
期首に200,000円だった貸倒引当金を、洗替法によって250,000円に設定した。

| 借方 | 貸倒引当金繰入 | 250,000 | 貸方 | 貸倒引当金 | 250,000 |
| | 貸倒引当金 | 200,000 | | 貸倒引当金戻入 | 200,000 |

◉ 会計処理上のポイント

　各期末に売掛金等の債権に対して、回収の可能性を検討して貸倒見積額を算出し、貸倒引当金として計上します。

　貸倒引当金の繰入限度額は、①個別評価と②一括評価で区分計算して、それぞれの繰入限度額を合計した額になります。

◉ 税務上の注意点

　貸倒引当金を設けられるのは、青色申告法人と個人の青色申告事業者に限られます。貸倒れが発生した場合、債権は貸倒損失や貸倒金の科目で処理するので、期中の貸倒引当金は増減しません。税法上は、洗替法によって、翌期に全額を益金に戻入れます。

建物

借方科目

対象：法人・個人事業者

◉この科目の概要

事業に供する建物を資産計上するための科目です。建物は、減価償却の対象になる有形固定資産で、事務所・工場・倉庫・店舗・社宅・住宅等の建物全般が該当します。

◉摘要（主な取引例）

- ◎営業所
- ◎寄宿舎
- ◎研修所
- ◎建設仮勘定振替
- ◎工場
- ◎事業所
- ◎自社ビル
- ◎事務所用建物
- ◎車庫
- ◎社宅
- ◎宿泊所用建物
- ◎倉庫
- ◎造作費用
- ◎建物購入代金
- ◎建物取得時立退料
- ◎建物取得費用
- ◎建物仲介手数料
- ◎店舗

◉仕訳例

◆事業用の建物を30,000,000円で購入し、代金を小切手で支払った。

| 借方 | 建物 | 30,000,000 | 貸方 | 当座預金 | 30,000,000 |

◆中古ビルを取得する際に、立退料2,000,000円を現金で支払った。

| 借方 | 建物 | 2,000,000 | 貸方 | 現金 | 2,000,000 |

◆取得価額50,000,000円、簿価30,000,000円の建物を33,000,000円で売却した代金が、普通預金に振り込まれた。

| 借方 | 普通預金 | 33,000,000 | 貸方 | 建物 | 50,000,000 |
| | 減価償却累計額 | 20,000,000 | | 固定資産売却益 | 3,000,000 |

◉会計処理上のポイント

建物には、将来的に事業に供するために保有する遊休施設や仮設建物等も含みます。この科目には、建物の購入代金だけでなく、仲介手数料・立退料・取得に伴う手数料等の取得費用も含めて資産計上します。

ただし、建物取得のための借入金利息や関税以外の税金は含めなくて構いません。

◉税務上の注意点

建物の減価償却方法には、定率法と定額法がありますが、平成10年4月1日以降に取得した建物については、定額法に限られています。

建物付属設備

借方科目

対象：法人・個人事業者

◉この科目の概要

建物に附属する電気・ガス、給排水設備、冷暖房、エレベーター、自動ドア、間仕切り等の設備で、減価償却の対象になる有形固定資産を資産計上するための科目です。建物と同時に取得しても耐用年数が異なるので、建物と区別して計上しましょう。

◉摘要（主な取引例）
- ◎アーケード
- ◎エアカーテン
- ◎エレベーター
- ◎衛生設備
- ◎カーテン
- ◎ガス設備
- ◎給排水設備
- ◎自動ドア
- ◎消火設備
- ◎昇降機設備
- ◎照明設備
- ◎通風設備
- ◎電気設備
- ◎排煙設備
- ◎避難設備
- ◎日除け設備
- ◎ブラインド
- ◎ボイラー設備
- ◎間仕切り
- ◎冷暖房設備

◉仕訳例
◆建物を建設する際に設置した冷暖房設備の代金2,000,000円を小切手で支払った。

借方 建物付属設備　2,000,000　　**貸方** 当座預金　2,000,000

◆新築ビルに給排水設備を設置した。代金の600,000円は翌月末に支払うことになっている。

借方 建物付属設備　600,000　　**貸方** 未払金　600,000

◉会計処理上のポイント

この科目には、建物付属設備の購入代金だけでなく、引取運賃・荷役費・仲介手数料・立退料・取得に伴う関税・据付費用等も取得費用に含めて資産計上します。

ただし、建物付属設備取得のための借入金利息や関税以外の税金は含めなくて構いません。

◉税務上の注意点

代金未払いの建物付属設備でも、事業に供した日から減価償却資産として、この科目に計上できます。なお、単体では機能しないような照明器具や間仕切り等は、各フロアや各室単位等の取得価額で、少額減価償却資産になるか否かの取得価額基準を判断します。

借方科目

構築物

対象：法人・個人事業者

▶ この科目の概要

　事業目的で所有する土地や借地に定着した土木設備や工作物と、その付属設備等で、建物以外の減価償却の対象になる有形固定資産を計上するための科目です。

　すでに事業に供しているものだけでなく、将来的に事業に供するために保有する遊休・未稼働の構築物も含みます。

▶ 摘要（主な取引例）

◎煙突　　　◎街路灯　　◎花壇　　　◎岸壁　　◎広告塔　　◎広告用看板
◎焼却炉　　◎庭園　　　◎鉄塔　　　◎庭木　　◎橋　　　　◎塀
◎舗装費用　◎用水池　　◎緑化設備　◎路面舗装

▶ 仕訳例

◆駐車場にする土地の舗装費用1,200,000円を小切手で支払った。

| 借方 | 構築物 | 1,200,000 | 貸方 | 当座預金 | 1,200,000 |

◆事業用地内に広告塔を構築した費用800,000円を小切手で支払った。

| 借方 | 構築物 | 800,000 | 貸方 | 当座預金 | 800,000 |

◆取得価額600,000円、簿価300,000円の構築物を350,000円で売却し、代金は未収になっている。

| 借方 | 未収金 | 350,000 | 貸方 | 構築物 | 600,000 |
| | 減価償却累計額 | 300,000 | | 固定資産売却益 | 50,000 |

▶ 会計処理上のポイント

　この科目には、構築物の購入代金だけでなく、引取運賃・荷役費・購入手数料・取得に伴う関税・据付費用等も取得費用に含めて計上します。

　ただし、構築物取得のための借入金利息や関税以外の税金は含めなくて構いません。

▶ 税務上の注意点

　長期的に効果のある広告宣伝用看板や広告塔、駐車場の舗装等の土地改良工事も、規模や構造から構築物と認められる費用は、有形固定資産として、この科目に計上できます。

借方科目

機械装置

対象：法人・個人事業者

● この科目の概要

製造業や建設業等で用いる機械や装置などで、減価償却の対象になる有形固定資産を計上するための科目です。

個別に取得・交換可能な機械や機械全体を連結して機能する装置のことで、取得価額10万円以上・使用可能期間1年以上のものが該当します。

● 摘要（主な取引例）

◎印刷設備	◎織物設備	◎菓子類製造設備
◎ガソリンスタンド設備	◎可搬式コンベヤ	◎革製品製造設備
◎機械式駐車設備	◎金属加工設備	◎クリーニング設備
◎クレーン	◎建設工業設備	◎研削盤
◎こんにゃく設備	◎コンプレッサー	◎コンベア
◎作業用機械	◎自動車分解整備設備	◎写真現像焼付設備
◎砂利採取設備	◎据付工事費	◎製材用設備
◎製版業用設備	◎製品製造設備	◎洗車業用設備
◎旋盤	◎畳製造設備	◎豆腐類製造設備
◎段ボール容器製造設備	◎パワーショベル	◎パン製造設備
◎搬送設備	◎引取運賃	◎ブルドーザー
◎プレス	◎縫製品製造設備	

● 仕訳例

◆2,000,000円の機械を購入して、引取運賃100,000円と、購入手数料50,000円を合わせて小切手で支払った。

借方 機械装置　　2,150,000　　**貸方** 当座預金　　2,150,000

● 会計処理上のポイント

この科目には、機械装置の購入代金だけでなく、引取運賃・荷役費・購入手数料・取得に伴う関税・据付費用等も取得費用に含めて資産計上します。

ただし、機械装置取得のための借入金利息や関税以外の税金は、取得価額に含めなくて構いません。

● 税務上の注意点

機械装置の耐用年数は、減価償却資産の耐用年数表に従いますが、実務上では、メーカーの担当者や製造担当者に確認する必要もあります。

借方科目

車両運搬具

対象：法人・個人事業者

● この科目の概要

事業に供する自動車などで、減価償却の対象になる有形固定資産を計上するための科目です。取得価額10万円以上で、自動車や二輪車・自転車のほか、フォークリフト・トラクター・リヤカー等の特殊自動車も含まれます。

● 摘要（主な取引例）

- ◎ 貨物自動車
- ◎ 小型自動車
- ◎ 自動車
- ◎ 台車
- ◎ トロッコ
- ◎ バン
- ◎ 軽自動車
- ◎ 三輪自動車
- ◎ 車両下取費用
- ◎ ダンプカー
- ◎ 二輪自動車
- ◎ フォークリフト
- ◎ 購入手数料
- ◎ 自転車
- ◎ 乗用車
- ◎ トラック
- ◎ バス
- ◎ リヤカー

● 仕訳例

◆営業車を1,200,000円で購入して、引取運賃等の取得費用180,000円とともに小切手で支払った。

借方		貸方	
車両運搬具	1,380,000	当座預金	1,380,000

◆簿価800,000円で取得価額2,000,000円の車両を1,000,000円で売却した。代金は未収になっている。

借方		貸方	
未収入金	1,000,000	車両運搬具	2,000,000
減価償却累計額	1,200,000	固定資産売却益	200,000

● 会計処理上のポイント

この科目には、車両運搬具の購入代金だけでなく、引取運賃・荷役費・購入手数料・関税・据付費用等も取得費用に含めて資産計上します。

代金未払いの車両運搬具でも、事業の用に供した日から減価償却資産として、この科目に計上できます。

● 個人事業者の処理

個人で所有する自動車を事業用に出資する場合は、時価で資産計上することができます。なお、個人事業の場合、自動車の売却は譲渡所得になるので、固定資産売却損の金額は、事業主貸に計上します。固定資産除却損等は必要経費に算入できます。

借方科目

工具器具備品

対象：法人・個人事業者

●この科目の概要

　事業用の各種工具や電化製品・キャビネット・事務用机・家具・観葉植物等の器具や備品を減価償却の対象になる有形固定資産として計上するための科目です。対象は広範囲に及びますが、この科目に計上するのは、取得価額10万円以上、使用可能期間1年以上のものになります。

●摘要（主な取引例）

◎医療機器　◎応接セット　◎音響機器　◎家具　◎ガス機器　◎型枠　◎金型　◎カメラ　◎看板　◎キャビネット　◎金庫　◎検査機器　◎光学機器　◎広告器具　◎骨董品　◎コピー機　◎娯楽器具　◎試験機器　◎室内装飾品　◎自動販売機　◎事務機器　◎書画　◎植物　◎寝具　◎切削工具　◎洗濯機　◎測定機器　◎暖房機器　◎厨房用品　◎陳列棚　◎通信機器　◎テレビ　◎電気機器　◎電子計算機　◎電話設備　◎取付工具　◎度量衡機器　◎ネオンサイン　◎パソコン　◎美容機器　◎複写機　◎分析器　◎理容機器　◎冷蔵庫　◎冷暖房機器　◎冷凍庫

●仕訳例

◆陳列棚を購入して取得費用も含めて330,000円を現金で支払った。

借方 工具器具備品　　　330,000　　**貸方** 現金　　　　　330,000

◆600,000円の備品を購入して、引取運賃や据付費用等の合計50,000円も含め、全額を小切手で支払った。

借方 工具器具備品　　　650,000　　**貸方** 当座預金　　　650,000

●会計処理上のポイント

　この科目には、工具器具備品の購入代金だけでなく引取運賃や荷役費・購入手数料・関税・据付費用等も取得費用に含めて資産計上します。
　すでに事業に供しているものだけでなく、将来的に事業に供するために保有するものも含みます。

●税務上の注意点

　書画・骨董品等の美術品も工具器具備品に計上します。美術年鑑等に掲載される作者によるものは、非償却資産として減価償却できません。

借方科目

土地

対象：法人・個人事業者

▶ この科目の概要

　事業のために使用する事務所・店舗・駐車場・工場等の敷地を有形固定資産として計上するための科目です。

　すでに事業に供しているものだけでなく、将来的に事業に供するために保有する遊休・未稼働の土地も含みます。

▶ 摘要（主な取引例）

◎埋立費用	◎運動場	◎工場敷地	◎資材置場
◎自社ビル敷地	◎事務所敷地	◎地盛費用	◎社宅敷地
◎整地費用	◎造成費用	◎測量費	◎立退料	◎建物敷地
◎建物取壊費用	◎仲介手数料	◎駐車場	◎店舗敷地

▶ 仕訳例

◆事務所用地30,000,000円を購入し、不動産会社への仲介手数料等の取得費用500,000円とともに小切手で支払った。

| 借方 土地 | 30,500,000 | 貸方 当座預金 | 30,500,000 |

◆簿価10,000,000円の土地を15,000,000円で売却し、諸経費1,000,000円を差し引いた金額を、小切手で受け取った。

| 借方 現金 | 14,000,000 | 貸方 土地 | 10,000,000 |
| | | 　　　 固定資産売却益 | 4,000,000 |

▶ 会計処理上のポイント

　この科目には、土地の購入代金だけでなく、仲介手数料や土地と一括取得した建物の取壊費用・立退料・測量・整地・埋立・地盛・造成費・下水道工事等の費用も取得費用に含めて資産計上します。

　なお、投資目的で保有する土地は、投資不動産等のように、貸借対照表の「資産の部」の投資等に別科目を設けて計上します。不動産業者等の保有する販売用の土地は、商品として棚卸資産になります。

▶ 税務上の注意点

　不動産取得税や固定資産税等の税金や登記料、土地購入に伴う借入金の利息等は、取得価額に算入しなくても差し支えありません。土地の価値は、時間の経過によって減少することはないので、減価償却の対象にはなりません。

借方科目

建設仮勘定

対象：法人・個人事業者

● この科目の概要

建物や構築物、機械装置等の有形固定資産の建設および製作に関する支出額を、一時的に管理するための科目です。

前渡金や材料費等の支出額を、建設仮勘定として計上し、該当する資産が完成して、使用を開始した時点で、各固定資産の科目に振替処理します。

● 摘要（主な取引例）

- ◎建設資材購入費
- ◎建築手付金
- ◎固定資産建設費
- ◎固定資産制作費
- ◎固定資産製造経費
- ◎固定資産設計料
- ◎固定資産前払金
- ◎固定資産前渡金
- ◎固定資産労務費
- ◎地鎮祭費用
- ◎製作中機械
- ◎設備取得前渡金
- ◎建物手付金
- ◎前払金
- ◎前渡金

● 仕訳例

◆社屋建設に際し、地鎮祭費用300,000円を現金で支払った。

借方 建設仮勘定　　　300,000　　**貸方** 現金　　　　　300,000

◆店舗施工を発注して、前渡金1,500,000円を小切手で支払った。

借方 建設仮勘定　　1,500,000　　**貸方** 当座預金　　1,500,000

◆23,000,000円の新築建物が完成した。3,000,000円は前渡金として支払い済みで、残額20,000,000円を小切手で支払った。

借方 建物　　　　23,000,000　　**貸方** 建設仮勘定　　3,000,000
　　　　　　　　　　　　　　　　　　　　　当座預金　　20,000,000

● 会計処理上のポイント

建物の建設等に伴う立退料や迷惑料等の住民対策費、公害補償費等の費用で、付随費用として取得価額に算入できるものは、支出した時点で建設仮勘定に計上できます。

建設仮勘定は、有形固定資産の内訳科目で、減価償却の対象になりませんが、完成前でも一部を使用開始した場合には、その部分の減価償却は可能です。

借方科目

減価償却累計額

対象：法人・個人事業者

◉ この科目の概要

　固定資産の減価償却を間接控除法で行う場合に、減価償却費を累計して計上するための科目です。簿価（帳簿価額）は、各固定資産の取得価額から減価償却累計額を引いた金額になります。

◉ 摘要（主な取引例）
◎間接控除法減価償却　　◎減価償却累計額　　◎固定資産減価償却

◉ 仕訳例

◆当期の建物減価償却費として600,000円を計上した。

| 借方 | 減価償却費 | 600,000 | 貸方 | 減価償却累計額 | 600,000 |

◆取得価額1,800,000円、簿価1,000,000円の機械を800,000円で売却し、当座預金に代金が入金された。

借方	当座預金	800,000	貸方	機械装置	1,800,000
	減価償却累計額	800,000			
	固定資産売却損	200,000			

◆取得価額2,000,000円、減価償却累計額1,200,000円の車両をスクラップ処分して、業者から100,000円を現金で受け取った。

借方	現金	100,000	貸方	車両運搬具	2,000,000
	固定資産除却損	700,000			
	減価償却累計額	1,200,000			

◉ 会計処理上のポイント

　減価償却の方法には、該当する固定資産から減価償却額を直接減額する直接控除法と、資産ごとの減価償却費を減価償却累計額に計上する間接控除法があります。

　減価償却累計額は、間接控除法で減価償却する場合に必要な科目です。

　なお、直接控除法で減価償却する場合は、貸借対照表に減価償却累計額を脚注する必要があります。

◉ 税務上の注意点

　一般的な減価償却の方法（算出方法）は、定額法と定率法です。減価償却の方法を税務署に届け出ていない場合は、定額法になります。

COLUMN 有形固定資産の減価償却

◆減価償却の対象となる固定資産

有形固定資産には、減価償却の必要な科目があります。具体的には、建物・建物付属設備・構築物・機械装置・車両運搬具・工具器具備品等が減価償却の対象になります。

ただし、これらの固定資産でも、30万円未満の少額減価償却資産は、減価償却の計算をしないで、使用時に取得価額の全額を必要経費に算入できるなど、多くの例外があります。

◆減価償却資産の耐用年数

減価償却とは、固定資産の取得価額を使用期間に応じて配分し、収益に対する費用として計上する処理で、対象となる固定資産の価値を、一定の期間にわたって減額することです。

たとえば、自動車は全額を一度に経費として処理することはできません。数年間にわたって利用できるからです。

そこで、購入時に支払った金額を定められた耐用年数の期間、減価償却費という費用で処理していくことになります。

自動車の価値が、毎期の減価償却費分だけ徐々に減額されていくわけです。

有形固定資産の多くは、使用しているうちに古くなって劣化します。そのため主な固定資産の耐用年数が税法で規定されています。

◆定額法と定率法による減価償却費

定額法は、耐用年数の期間中、毎期均等の金額を減価償却費として減額する方法です。固定資産の取得価額から定められた残存価格を引いた金額に、耐用年数に応じた償却率を掛けて算出した減価償却費を毎期減額します。

定率法は、耐用年数の期間中、毎期の未償却残高に対して、耐用年数に応じた償却率を掛けて算出した金額を減価償却費として減額する方法です。固定資産の購入時に近いほど残存価格は高額なので、減価償却費も大きくなります。

◎定額法と定率法の計算式

①**定額法** 償却の基礎になる金額（取得価額の90％）×定額法の償却率＝減価償却費
②**定率法** 償却の基礎になる金額（未償却残高）×定率法の償却率＝減価償却費

◎定額法と定率法の違い

毎期の償却額は均等
取得価額の90％×定額法の償却率

定額法

未償却残高×定率法の償却率
購入時に近いほど償却額が大きい

定率法

◆間接控除法と直接控除法による記帳の違い

減価償却費の記帳方法には、間接控除法と直接控除法があります。

間接控除法は、固定資産ごとの減価償却費を、毎期、減価償却累計額に計上していく方法で、固定資産の取得価額、減価償却累計額、簿価（帳簿価額）を表示することができます。

直接控除法は、該当する固定資産から減価償却額を直接減額する方法で、減価償却累計額の科目はありません。ただし、直接控除法で減価償却する場合は、貸借対照表に減価償却累計額を脚注する必要があります。

なお、有形固定資産の償却可能限度額は、取得価格の95％までです。

＊平成19年度税制改正について163ページを参照してください。

借方科目

のれん

対象：法人・個人事業者

▶ この科目の概要

　有償で譲り受けたり、買収や合併で取得した営業権を計上するための科目です。営業権は、「のれん代」等のブランドネームで、企業の信用や伝統等によって収益を生む無形の価値を指します。

▶ 摘要（主な取引例）

- ◎合併による取得
- ◎のれん代買取
- ◎買収による取得
- ◎無形固定資産
- ◎有償譲り受けによる取得

▶ 仕訳例

◆A社から営業権の一部を譲り受け、3,000,000円を小切手で支払った。

| 借方 | のれん | 3,000,000 | 貸方 | 当座預金 | 3,000,000 |

◆B店を65,000,000円で買収した。B店に関する有形固定資産の評価額は、建物20,000,000円、土地30,000,000円なので、差額をのれんに計上した。

借方	建物	20,000,000	貸方	普通預金	65,000,000
	土地	30,000,000			
	のれん	15,000,000			

◆期首に他社から購入した営業権5,000,000円を決算期に償却した。償却期間は5年である。

| 借方 | のれん償却費 | 1,000,000 | 貸方 | のれん | 1,000,000 |

▶ 会計処理上のポイント

　譲り受けたり、買収や合併で取得した営業権は、のれんとして貸借対照表に計上して償却します。

　のれんとして計上できるのは、他社から譲り受けたり、買収や合併などによって外部から取得した場合に限られます。自社で営業権を創設することは認められていないので注意しましょう。

▶ 税務上の注意点

　のれんは、代表的な無形固定資産の科目です。無形固定資産は、取得価額の全額を減価償却できます。

　のれんの償却期間は5年間で、均等償却することになります。

借方科目

特許権／実用新案権

対象：法人・個人事業者

▶この科目の概要

特許法や実用新案法による権利を、他社から購入した場合の費用を計上する科目です。購入価額だけでなく特許権や実用新案権の購入に伴う付随費用も取得価額に含めて計上します。

▶摘要（主な取引例）

○合併による取得　　　○実用新案権購入　　　○実用新案登録費用
○特許権購入　　　　　○特許出願料　　　　　○特許登録費用
○特許料　　　　　　　○無形固定資産　　　　○買収による取得
○有償譲り受けによる取得

▶仕訳例

◆他社から特許権を3,000,000円で購入して、代金を小切手で支払った。なお、特許登録費用200,000円は、現金で支払った。

借方 特許権　　　　3,200,000　　**貸方** 当座預金　　　3,000,000
　　　　　　　　　　　　　　　　　　　　　現金　　　　　　200,000

◆3,200,000円で購入した特許権を、決算時に償却した。

借方 特許権償却費　　400,000　　**貸方** 特許権　　　　　400,000

◆実用新案権を1,000,000円で他社に売却し、代金を小切手で受け取った。

借方 現金　　　　1,000,000　　**貸方** 実用新案権　　1,000,000

▶会計処理上のポイント

特許権は、自然法則を利用した高度な技術的思想による新発明や新発見に与えられる権利、実用新案権は、物品の形状・構造・組合せに関わる考案を保護する制度で、いずれも知的財産としての権利です。

自社の研究開発で特許権や実用新案権を取得した場合、この科目でなく出願料や登録費用などの付随費用も含めて取得時の研究開発費に計上します。研究開発費は、すべて発生時に費用として処理することが原則です。また、繰延資産の試験研究費も任意の金額を必要経費にできるので同様の処理になります。

▶税務上の注意点

無形固定資産は、取得価額の全額を減価償却できます。特許権の償却期間は8年、実用新案権は5年です。

> 借方科目

商標権／意匠権

対象：法人・個人事業者

▶ この科目の概要

　商標法や意匠法による権利を、他社から購入した場合の費用を計上する科目です。購入価額だけでなく商標権や意匠権の購入に伴う付随費用も取得価額に含めて計上します。

▶ 摘要（主な取引例）
- ◎意匠権買取
- ◎出願登録費用
- ◎買収による取得
- ◎合併による取得
- ◎商標権買取
- ◎有償譲り受けによる取得
- ◎工業所有権
- ◎無形固定資産

▶ 仕訳例

◆出願登録していた商標権を取得した。研究開発費用のほかに、外部のデザイナーへの費用1,000,000円と登録費用200,000円を現金で支払った。

借方		貸方	
商標権	1,000,000	現金	1,200,000
支払手数料	200,000		

◆当社の意匠権を800,000円で他社に売却し、現金で代金を受け取った。

借方		貸方	
現金	800,000	意匠権	800,000

▶ 会計処理上のポイント

　商標権は、トレードマークや文字・図形・記号・色彩等の組合せによって商品に使用する営業標識のことで商標法によって保護されます。意匠権は、特別の形状、模様もしくは色彩等の組合せによって新たに創出されたもので、意匠法によって保護されます。いずれも知的財産としての権利です。

　自社の研究開発によって商標権や意匠権を取得した場合、この科目でなく出願料や登録費用などの付随費用も含めて取得時の研究開発費に計上します。

　研究開発費は、すべて発生時に費用として処理することが原則です。また、繰延資産の試験研究費も任意の金額を必要経費にできるので同様の処理になります。

▶ 税務上の注意点

　無形固定資産は、取得価額の全額を減価償却できます。商標権の償却期間は10年、意匠権は7年です。

COLUMN 無形固定資産

◆無形固定資産の減価償却

貸借対照表の資産の部に固定資産があります。固定資産は、さらに有形固定資産と無形固定資産、投資等に大別されます。

無形固定資産には、のれん、特許権、実用新案権、商標権、意匠権、ソフトウェア、鉱業権、漁業権、借地権、電話加入権等があります。有形固定資産と異なって、ほとんどが権利として保護される資産です。

この無形固定資産にも減価償却の対象となる科目があります。具体的には、借地権と電話加入権を除いて、他の無形固定資産は減価償却の対象です。

＊携帯電話やPHSに加入する際の契約事務手数料は、電話加入権でなく、減価償却資産として電気通信施設利用権に計上します。電気通信施設利用権の耐用年数は20年ですが、取得価額10万円未満の場合、その事業年度に全額損金算入が可能です。

◆直接控除法記帳と減価償却費の計算

無形固定資産の減価償却費の記帳方法は、直接控除法になるので、該当する無形固定資産から減価償却額を直接減額して記帳します。この場合、有形固定資産のように減価償却累計額を脚注する必要もありません。

減価償却の対象となる無形固定資産は、いずれも取得価額の全額を償却できます。これは、有形固定資産のように償却済みの資産を売却するようなことができないからです。

減価償却の方法（算出方法）は、定額法になります。

取得価額×定額法の償却率＝減価償却費

◆無形固定資産の償却期間

無形固定資産には、それぞれ償却期間が定められています。

ただし、各無形固定資産の権利としての有効期間と償却期間は異なっているので注意しましょう。

＊借地権は、有形固定資産の土地と同様に、減価償却の対象とならず、電話加入権は、価値が減少することはないという理由で、減価償却の対象になっていません。

◎無形固定資産の償却期間

科　目	償却期間
のれん	5年
特許権	8年
実用新案権	5年
商標権	10年
意匠権	7年
ソフトウェア （販売原本または研究開発用） （その他のソフトウェア）	3年 5年

投資有価証券

借方科目

対象：法人・個人事業者

◉ この科目の概要

売買目的でなく投資目的として、1年を超えて長期間保有している株式や公社債、投資信託受益証券等の有価証券を計上する科目です。

売買目的で保有する流動資産の有価証券とは区分して計上します。

投資有価証券を取得する際の売買委託手数料等の付随費用は、取得価額に含めます。

◉ 摘要（主な取引例）

- ◎貸付信託受益証券
- ◎新株予約権付社債
- ◎投資信託受益証券
- ◎投資目的外国株券
- ◎投資目的外国債券
- ◎投資目的株式
- ◎投資目的株式配当
- ◎投資目的公債
- ◎投資目的国債
- ◎投資目的社債
- ◎投資目的地方債
- ◎投資目的中国ファンド
- ◎投資目的有価証券
- ◎投資目的利付債券
- ◎無償増資株式
- ◎有価証券売買委託手数料

◉ 仕訳例

◆投資目的で長期保有する有価証券を1,500,000円で購入し、売買委託手数料15,000円とともに小切手で支払った。

| 借方 | 投資有価証券 | 1,515,000 | 貸方 | 当座預金 | 1,515,000 |

◆投資目的で保有していた簿価3,000,000円の株式を4,000,000円で売却し、売買委託手数料40,000円を控除後の残額を受け取った。

借方 普通預金　　3,960,000　　貸方 投資有価証券　　3,000,000
　　　　　　　　　　　　　　　　　　　投資有価証券売却益　960,000

◆長期保有していた簿価3,000,000円の投資有価証券を、資金繰りのため2,500,000円で売却した。売買委託手数料等20,000円が差し引かれて、当座預金に入金された。

借方 当座預金　　2,480,000　　貸方 投資有価証券　　3,000,000
　　　投資有価証券売却損　520,000

◉ 会計処理上のポイント

投資有価証券は、簿価（帳簿価額）による原価法で評価し、固定資産の投資等の内訳科目に表示します。なお、子会社株式・自己株式・関係会社株式については、別途、科目を設けて区分します。

借方科目

出資金

対象：法人・個人事業者

▶ この科目の概要

　株式会社を除く法人や協同組合等への出資金額を計上する科目です。投資有価証券に計上する株式とは区分して処理します。

　また、子会社や関係会社に相当する法人に対する出資金額は、別に科目を設けて区分しましょう。

▶ 摘要（主な取引例）

◎協同組合出資金　　　◎合資会社出資金　　　◎合名会社出資金
◎ゴルフクラブ入会金　◎社団法人出資金　　　◎商工会議所出資金
◎レジャークラブ入会金

▶ 仕訳例

◆協同組合の出資証券を、現金100,000円で購入した。

| 借方 | 出資金 | 100,000 | 貸方 | 現金 | 100,000 |

◆ゴルフクラブ会員権を購入し、代金8,000,000円を小切手で支払った。

| 借方 | 出資金 | 8,000,000 | 貸方 | 当座預金 | 8,000,000 |

◆取得価額8,000,000円で資産計上しているゴルフ会員権を7,000,000円で売却した。代金は、当座預金に振り込まれた。

| 借方 | 当座預金 | 7,000,000 | 貸方 | 出資金 | 8,000,000 |
| | 出資金売却損 | 1,000,000 | | | |

▶ 会計処理上のポイント

　ゴルフクラブやレジャークラブ等の入会金は、名義書換料等も含めて固定資産として出資金に計上します。これらは譲渡するまで償却せず取得価額のまま資産計上します。

▶ 税務上の注意点

　法人会員としてゴルフクラブやレジャークラブ等に入会しても、特定の者だけが業務と関係なく利用する場合には、出資金とならずに、給料手当とみなされることがあります。

借方科目

長期貸付金

対象：法人・個人事業者

▶ この科目の概要

　従業員や役員、子会社や取引先等に貸し付けた金額で、返済期限が1年を超える貸付金を計上する科目です。

　長期・短期の区別は、1年以内に支払期日が到来するか否かによって区別します。長期貸付金の返済期限が1年以内となった場合には、1年基準（ワン・イヤー・ルール）によって、決算期に短期貸付金へ振り替えます。

▶ 摘要（主な取引例）

- ◎関係会社への長期貸付金
- ◎短期貸付金に振替
- ◎長期手形貸付金
- ◎役員への長期貸付金
- ◎従業員への長期貸付金
- ◎長期住宅資金融資
- ◎取引先への長期貸付金

▶ 仕訳例

◆3年後の返済予定で、取引先に3,000,000円を貸し付けた。

| 借方 | 長期貸付金 | 3,000,000 | 貸方 | 現金 | 3,000,000 |

◆来期が返済期限になる長期貸付金3,000,000円を、決算期に短期貸付金へ振り替えた。

| 借方 | 短期貸付金 | 3,000,000 | 貸方 | 長期貸付金 | 3,000,000 |

◆短期貸付金に振り替えた長期貸付金3,000,000円が、利息50,000円とともに当座預金に返済された。

| 借方 | 当座預金 | 3,050,000 | 貸方 | 短期貸付金 | 3,000,000 |
| | | | | 受取利息 | 50,000 |

▶ 会計処理上のポイント

　法人の所有する預金に対する利息や業務上必要な取引先・従業員に対する貸付金の利息は、事業所得に含めて計算します。

　また、役員や従業員への貸付金と関係会社への貸付金を、別に区分することもできます。

▶ 個人事業者の処理

　個人事業での預金利息は、事業主借勘定で処理するため事業所得には含めません。

保証金／差入保証金

借方科目

対象：法人・個人事業者

◉この科目の概要

さまざまな保証金を計上するための科目です。

代表的な保証金は、建物を借りる際の保証金や敷金等です。他にも、一定期間の取引を継続したり、債務不履行の担保にするため、契約に従って差し入れる営業保証金や輸入保証金等も、この科目に計上します。

いずれも契約期間が終了すると返却される金額です。

◉摘要（主な取引例）

- ◎営業保証金の支払い
- ◎借受契約保証金の支払い
- ◎差入保証金の支払い
- ◎借室権利金の支払い
- ◎取引保証金の支払い
- ◎ビル借室保証金の支払い
- ◎輸入保証金の支払い
- ◎架設保証金の支払い
- ◎債務履行保証金の支払い
- ◎敷金支払い
- ◎借家権利金の支払い
- ◎代理店契約保証金の支払い
- ◎入札保証金の支払い
- ◎分割返済保証金の支払い

◉仕訳例

◆新規取引先との取引開始に当たり、営業保証金600,000円を支払うため手形を振り出した。保証期間は半年間である。

借方 保証金　　　　600,000　　**貸方** 営業保証支払手形　600,000

◆契約期間の満了に伴い、差入保証金600,000円が現金で返却された。

借方 現金　　　　　600,000　　**貸方** 差入保証金　　　　600,000

◆事務所を賃借して、敷金600,000円と1か月分の家賃300,000円、仲介手数料200,000円を小切手で支払った。

借方 地代家賃　　　300,000　　**貸方** 当座預金　　　1,100,000
　　　 保証金　　　　600,000
　　　 支払手数料　　200,000

◉会計処理上のポイント

営業保証金として振り出した手形は、通常の支払手形と区別して、営業保証支払手形などの科目を設けて計上しましょう。1年基準（ワン・イヤー・ルール）によって、契約期間1年以内の短期保証金は流動資産、1年を超える長期保証金は固定資産の投資等の内訳科目に表示して区分します。

借方科目

長期前払費用

対象：法人・個人事業者

◉ この科目の概要

　継続的に役務提供を受ける契約に従って、流動資産の科目として支払った前払費用のうち、1年を超えてから役務提供を受ける未経過分の金額を計上する経過勘定の科目です。

　なお、割賦手数料は長期前払費用に計上してから、割賦期間に応じて費用に振替処理します。

◉ 摘要（主な取引例）

- ◎長期広告料の先払い
- ◎長期保険料の先払い
- ◎長期リース料の先払い
- ◎長期地代の先払い
- ◎長期家賃の先払い

◉ 仕訳例

◆機械を3年間リースする契約を結んで、総計5,000,000円を約束手形で支払った。

|借方| 長期前払費用　　5,000,000 |貸方| 営業外支払手形　5,000,000

◆5年の分割払いで12,000,000円の機械を購入して、割賦手数料3,000,000円と併せて長期の手形を組んで支払った。

|借方| 機械装置　　　12,000,000 |貸方| 営業外支払手形　15,000,000
　　　長期前払費用　 3,000,000

◉ 会計処理上のポイント

　法人が継続的に役務提供を受ける契約に従っている場合、1年基準（ワン・イヤー・ルール）によって、長期前払費用と1年以内の前払費用を区分します。

◉ 税務上の注意点

　税法上の繰延資産として扱われるものでも、公共的施設や共同的施設の負担金、資産を賃借するための権利金、ノウハウの頭金などについては、長期前払費用の科目に計上する場合があります。それぞれの長期前払費用で、内容が異なるので注意しましょう。

その他繰延資産／繰延資産 【借方科目】

対象：法人・個人事業者

● この科目の概要

支出した費用の効果が1年以上に及ぶために、経費としての処理をせずに、資産として償却する必要のある金額を計上する科目です。

それぞれの繰延資産は、償却期間の月数に対応して償却費を計算し、繰延資産償却費を計上します。

● 摘要（主な取引例）

◎アーケード設置負担金　◎開業費　◎会社設立費用　◎開発費
◎株式交付費　◎共同的施設負担金　◎権利金　◎広告宣伝用資産贈与
◎試験研究費　◎資産賃借権　◎市場開発　◎社債発行費
◎社名入陳列棚贈与　◎上下水道建設負担金　◎新技術採用費用
◎新経営組織採用費　◎新製品開発費　◎新製品試作費　◎創立費
◎建物賃借権利金　◎建物賃借立退料　◎同業者団体加入金
◎道路建設負担金　◎ノウハウの頭金

● 仕訳例

◆新規事業を開始する際に、新市場開拓用の広告宣伝費3,000,000円を小切手で支払った。

| 借方 | 開発費 | 3,000,000 | 貸方 | 当座預金 | 3,000,000 |

◆決算時に、新市場開拓用の広告宣伝費3,000,000円から600,000円を償却した。

| 借方 | 開発費償却 | 600,000 | 貸方 | 開発費 | 600,000 |

◆商店街のアーケード設置負担金の250,000円を現金で支払った。

| 借方 | 施設負担金 | 250,000 | 貸方 | 現金 | 250,000 |

◆アーケード設置負担金250,000円の償却費50,000円を計上した。

| 借方 | 施設負担金償却 | 50,000 | 貸方 | 施設負担金 | 50,000 |

● 会計処理上のポイント

会社法上の繰延資産と税法上の繰延資産に大別されます。

会社法上の繰延資産は、それぞれ法定の償却期間内で任意に償却できます。税法上の繰延資産は、償却期間に応じて償却費を計上しますが、20万円未満の繰延資産等は、全額必要経費として処理できます。

COLUMN

繰延資産

◆費用計上を繰り延べる資産

　繰延資産の計上は、企業会計原則で「将来の期間に影響する特定の費用は、次期以後の期間に配分して処理するため、経過的に貸借対照表の資産の部に記載することができる」とされています。これは、「費用計上したいが、収益効果が長期間に及ぶので、その期間にわたって費用計上を配分できるように、資産として貸借対照表に記載しましょう」ということです。

　繰延資産は、貸借対照表の資産の部の末尾に記載されるように、流動資産や固定資産に比べて、資産としての要素よりも、費用的な要素の多い資産なのです。明らかな費用になるものなら支出した決算期に費用計上できるはずですが、繰延資産は名称の示すように、費用計上を繰り延べている資産を表しています。

◆会社法と税法の繰延資産

　会社法の場合、会社計算規則で資産の部を「1.流動資産、2.固定資産、3.繰延資産の項目に区分しなければならない」としていますが、繰延資産の定義は「繰延資産として計上することが適当であると認められるもの」とされています。

　財務諸表等規則（財務諸表等の用語、様式及び作成方法に関する規則）による繰延資産は、①創立費、②開業費、③新株発行費、④社債発行費、⑤社債発行差金、⑥開発費です。

　税法上の繰延資産は、①創業費、②開業費、③試験研究費、④開発費、⑤新株発行費、⑥社債発行費、⑦社債発行差金、⑧公共的施設又は共同的施設の設置等のために支出する費用、⑨資産を賃借するために支出する権利金等、⑩役務の提供を受けるために支出する権利金等、⑪製品等の広告宣伝用資産の贈与費用、⑫このほか自己が便益を受けるために支出する費用になります。

　企業会計基準委員会は、実務対応報告として、「繰延資産の会計処理に関する当面の取扱い」を公表しています。ここでは、①新株発行費の名称が株式交付費に変わり、自己株式処分費用も含まれ、②社債発行費の償却期間が社債の償還期限内になります。③社債発行差金は貸借対照表に計上せず、社債発行額から直接控除し、償却原価法で処理します。

　また、④試験研究費は、繰延資産とせず、試験研究費の科目で、すべて発生時に費用として処理できます。

◆税法上の繰延資産と勘定科目

　会社法による繰延資産の計上は、貸借対照表の資産の部に、繰延資産として表示します。税法独自の繰延資産は、「施設負担金」や「権利金」などの科目を設けて、「無形固定資産」または「投資その他の資産」の内訳科目として表示することになります。

◎会計基準と税法に共通の繰延資産

繰延資産の種類	科目の意義
創立費／創業費	発起人への報酬や設立登記費用、その他会社設立のための費用。
開業費	会社設立後に、開業準備のために支出した費用。
研究費／試験研究費	新製品・新技術の研究・発明に関わる試験や研究のため、特別に支出する費用。
開発費	新技術や新経営組織の採用、資源開発、市場開拓のため、特別に支出する費用。
株式交付費	株式募集、株式交付等のために必要な費用。
社債発行差金	社債発行のために必要な費用。

◎税法独自の繰延資産

税法独自の繰延資産の種類	繰延資産に含まれるもの
公共的施設又は共同的施設の設置等のために支出する費用	道路・堤防・橋・上下水道、アーケード設置、協会などの会館建設などの負担金
資産を賃借するために支出する権利金等	建物の権利金など
役務の提供を受けるために支出する権利金等	ノウハウの頭金など
製品等の広告宣伝用資産の贈与費用	製品名入り資産などを贈与した場合など
このほか自己が便益を受けるために支出する費用	出版権設定の対価、同業者団体の加入金など

◎税法独自の繰延資産の表示

無形固定資産	公共的施設又は共同的施設の設置等のために支出する費用 建物の権利金 ノウハウの頭金 出版権設定の対価
投資その他の資産	広告宣伝用資産の贈与費用

事業主貸

借方科目

対象：個人事業者

◉ この科目の概要

　事業の必要経費にできない生活費や所得税・住民税等の税金の立替払額、地代家賃や減価償却費を按分した家事分の金額を計上する科目です。
　支払時に天引きされた源泉税の金額も、この科目に計上します。
　事業主貸は、個人事業主への貸付けという意味で、反対科目は事業主借です。事業主貸と事業主借は、期末に相殺して元入金に振り替えます。

◉ 摘要（主な取引例）

◎家事消費　　◎家事消費分の減価償却費　　◎家事消費分の地代家賃
◎株式売却損　◎個人住民税　　◎個人所得税　　◎事業主の立替払
◎生活費の支払い　◎天引きされた源泉税　　◎有価証券売却損

◉ 仕訳例

◆生活費として250,000円を普通預金から引き出した。

| 借方 | 事業主貸 | 250,000 | 貸方 | 普通預金 | 250,000 |

◆事業主の所得税600,000円を普通預金から振り込み納付した。

| 借方 | 事業主貸 | 600,000 | 貸方 | 普通預金 | 600,000 |

◆1階を店舗、2階を住居とする店舗兼住宅の建築費用30,000,000円を小切手で支払った。床面積による利用割合は、店舗60％である。

| 借方 | 建物 | 18,000,000 | 貸方 | 当座預金 | 30,000,000 |
| | 事業主貸 | 12,000,000 | | | |

◉ 会計処理上のポイント

　個人事業者には、法人の有価証券売却損に相当する科目がないので、株式や債券等の有価証券売却損も事業主貸で処理します。所得税や住民税、社会保険料等の必要経費にならない税金も事業主貸に計上します。

◉ 税務上の注意点

　個人事業者の必要経費にできる税金は、①事業税、②消費税、③自動車税、④固定資産税、⑤不動産取得税、⑥地価税、⑦登録免許税、⑧印紙税等で、租税公課や仮払消費税等の科目で処理します。
　店舗や事務所と兼用している住宅は、固定資産税、地価税、登録免許税、不動産取得税等を事業分の床面積で按分して必要経費を算出します。

貸方科目

支払手形

対象：法人・個人事業者

● この科目の概要

事業に伴う仕入代金や役務提供に対する支払いを、手形で行った場合に計上する科目です。

手形には、支払先振出の約束手形と、振出人と支払先の異なる為替手形がありますが、事業の支払いに用いた手形は、いずれも支払手形として処理します。支払手形を用いる場合は、取引先元帳を設けて、取引先ごとに管理しましょう。

● 摘要（主な取引例）
- ◎為替手形引受
- ◎金融手形振出
- ◎設備手形振出
- ◎手形借入金
- ◎振出手形差替
- ◎約束手形振出
- ◎融通手形振出

● 仕訳例

◆500,000円分の商品を仕入れて、支払手形を振り出した。

| 借方 | 仕入高 | 500,000 | 貸方 | 支払手形 | 500,000 |

◆仕入代金として振り出した支払手形500,000円が決済され、当座預金から引き落とされた。

| 借方 | 支払手形 | 500,000 | 貸方 | 当座預金 | 500,000 |

◆仕入先に対して、前渡金800,000円を手形で支払った。

| 借方 | 前渡金 | 800,000 | 貸方 | 支払手形 | 800,000 |

● 会計処理上のポイント

会計処理上は、約束手形と為替手形の区分はありません。貸借対照表で、振り出した手形は負債の部で支払手形に計上し、受け取った手形は資産の部で受取手形に計上します。

● 税務上の注意点

固定資産や有価証券の購入等の目的で、営業取引以外に振り出した手形や営業保証金として振り出した手形は、「その他の支払手形」として、通常の支払手形と区別します。

これらの手形は、1年基準（ワン・イヤー・ルール）によって、1年以内は流動負債、1年を超える場合は固定負債の部に表示します。

Part 3　貸借対照表の勘定科目

貸方科目

買掛金

対象：法人・個人事業者

▶ この科目の概要

　事業用に掛仕入した商品や原材料等の物品や外注加工等の支払いの未払額を計上する科目です。通常の事業活動の範囲内で発生した買掛金は、1年を超える場合でも、流動負債として計上します。

▶ 摘要（主な取引例）
- ◎売掛金相殺
- ◎仕入値引
- ◎製品購入代金未払
- ◎前渡金振替
- ◎掛仕入
- ◎仕入戻し
- ◎代物弁済
- ◎仕入代金未払
- ◎商品購入代金未払
- ◎前渡金相殺

▶ 仕訳例

◆取引先から800,000円分の商品を掛仕入れした。

| 借方 | 仕入高 | 800,000 | 貸方 | 買掛金 | 800,000 |

◆仕入先に対する買掛金800,000円を小切手で支払った。

| 借方 | 買掛金 | 800,000 | 貸方 | 当座預金 | 800,000 |

◆取引先に対して100,000円の買掛金があったが、同社に対する売掛金も100,000円だったので、双方で債権債務を相殺した。

| 借方 | 買掛金 | 100,000 | 貸方 | 売掛金 | 100,000 |

▶ 会計処理上のポイント

　買掛金は、事業に関わる商品・原材料等の購入や外注加工等の支払いを処理する科目です。固定資産の購入など、通常の営業活動以外で発生した支払い金額に関しては、未払金の科目に計上します。

▶ 税務上の注意点

　買掛金は、買掛金元帳を用いて取引先ごとに管理しましょう。長期滞留している買掛金は、確定債務として問題になる場合があります。
　なお、同じ仕入先に対する売掛金と買掛金で債権債務を相殺した場合は、双方で領収書を受領しましょう。

貸方科目

短期借入金

対象：法人・個人事業者

◉この科目の概要

返済期限1年以内の借入金を計上する科目です。手形借入金や当座借越、1年基準（ワン・イヤー・ルール）によって、返済期限が1年以内になった長期借入金も、短期借入金に振替処理します。

◉摘要（主な取引例）

- ◎関係会社からの借入
- ◎銀行からの借入
- ◎個人からの借入
- ◎証書借入金
- ◎手形借入金
- ◎当座借越
- ◎取引先からの借入
- ◎役員からの借入

◉仕訳例

◆取引銀行から6か月後に返済する約束で、運転資金2,000,000円を借り入れ、当座預金へ入金した。

| 借方 当座預金 | 2,000,000 | 貸方 短期借入金 | 2,000,000 |

◆銀行からの短期借入金2,000,000円を、小切手で返済した。

| 借方 短期借入金 | 2,000,000 | 貸方 当座預金 | 2,000,000 |

◆短期借入金の今月返済分500,000円と利息5,000円が、普通口座から引き落とされた。

| 借方 短期借入金 | 500,000 | 貸方 普通預金 | 505,000 |
| 支払利息割引料 | 5,000 | | |

◆当座借越契約のある当座預金残高が、期末に100,000円のマイナスになっていた。

| 借方 当座預金 | 100,000 | 貸方 短期借入金 | 100,000 |

◉会計処理上のポイント

当座借越を受けると、本来、資産科目になるべき当座預金がマイナスになってしまうので、短期借入金に振替処理します。

役員・従業員や関係会社からの借入金は、通常の資金調達方法ではありませんから、別途、役員短期借入金・従業員短期借入金、関係会社短期借入金等の科目を設けて区分しましょう。

未払金

貸方科目

対象：法人・個人事業者

▶この科目の概要

　固定資産や有価証券の購入等、主たる事業以外で確定している未払額を計上する科目です。

　本来は、事業に直接関係しない取引の債務を処理する科目ですが、実務では、未払費用のうちの債務確定分を振り替える等、諸経費の未払債務を処理する場合もあります。

▶摘要（主な取引例）

- ◎外注工賃の未払い
- ◎確定債務
- ◎ガス料金の未払い
- ◎経費未払い
- ◎固定資産購入代金の未払い
- ◎事務用品費未払い
- ◎消耗品費未払い
- ◎水道料金未払い
- ◎電気料金未払い
- ◎配当金支払決議
- ◎役員賞与支払決議
- ◎有価証券購入代金の未払い

▶仕訳例

◆2,000,000円で有価証券を約定した。決済日まで代金は未払いである。

| 借方 | 有価証券 | 2,000,000 | 貸方 | 未払金 | 2,000,000 |

◆未払いになっていた固定資産購入代金3,000,000円を現金で支払った。

| 借方 | 未払金 | 3,000,000 | 貸方 | 現金 | 3,000,000 |

◆月末の支払い予定で購入した機械の代金1,000,000円が、本日、当座預金から引き落とされた。

| 借方 | 未払金 | 1,000,000 | 貸方 | 当座預金 | 1,000,000 |

▶会計処理上のポイント

　有形固定資産の未払金計上時期は、原則として引渡日になりますが、使用可能日に計上することも可能です。

▶税務上の注意点

　1年を超える支払期限の未払金は、1年基準（ワン・イヤー・ルール）によって、固定負債の長期未払金に計上します。特別な事情もなく長期滞留している未払金は、税務調査等で債務免除とされる場合もあります。

貸方科目

未払費用

対象：法人・個人事業者

●この科目の概要

一定の契約に従って、継続した役務提供を受けている場合に、決算時点では期日未到来のため、役務に対する債務としての未払額が確定していないため、未払いになっている部分を計上する経過勘定の科目です。

期日未到来の支払利息や賃借料、地代家賃、未払賃金等が該当します。

●摘要（主な取引例）
- ◎給料未払い
- ◎支払利息未払い
- ◎地代未払い
- ◎未払賃金
- ◎未払賃借料
- ◎未払保険料
- ◎未払家賃
- ◎未払リース料

●仕訳例

◆翌月払の家賃200,000円を、決算期に未払家賃として計上した。

借方 地代家賃　　　　200,000　　**貸方** 未払費用　　　　200,000

◆決算期に、借入金の利払日から期末までに対応する未払利息60,000円を計上した。

借方 支払利息割引料　 60,000　　**貸方** 未払費用　　　　 60,000

◆前期末に、未払利息として計上した60,000円を、翌期首に反対仕訳で振り戻した。

借方 未払費用　　　　 60,000　　**貸方** 支払利息割引料　 60,000

●会計処理上のポイント

未払費用は、当期に受けた役務提供の支払いが翌期になっている場合の経過勘定です。当期の費用として発生しているので、当期の損益計算に計上するため、貸借対照表の負債の部に計上します。

債務としての未払額が確定しているものは、未払金に計上するので、未払費用と区別します。実務上、未払金と未払費用とで厳密な区分をせずに、当期費用の未払分を、未払費用に計上している場合もあります。

前受金

貸方科目

対象：法人・個人事業者

▶ この科目の概要

主たる事業取引として商品や製品、役務を提供する前に受け取った手付金や内金等を計上するための科目です。

商品や製品の引渡しまでは前受金として計上し、引渡し等で売上が発生するのに伴って、前受金から売上高に振替処理します。

決算期に前受金を受け取っていても、売上にならない場合は、当期の収入金額になりません。

▶ 摘要（主な取引例）
- ◎内金
- ◎ギフト券販売
- ◎商品券販売
- ◎手付金
- ◎販売代金超過入金
- ◎販売代金前受
- ◎前受金
- ◎未成工事受入金

▶ 仕訳例

◆取引先から商品の手付金として、現金200,000円を受け取った。

借方		貸方	
現金	200,000	前受金	200,000

◆手付金として200,000円を受け取っている取引先に600,000円分の商品を引渡した。残額は掛売になっている。

借方		貸方	
前受金	200,000	売上高	600,000
売掛金	400,000		

◆取引先に対する売掛金400,000円の回収に際して、500,000円の裏書手形を受け取った。

借方		貸方	
受取手形	500,000	売掛金	400,000
		前受金	100,000

▶ 会計処理上のポイント

建設業では、前受金でなく未成工事受入金の科目を用います。

ギフト券や商品券の販売額は、商品券等の科目を設けて他の前受金と区別します。

なお、固定資産の売却契約などに伴う前受金は、主たる事業の前受金とは区別して計上します。

貸方科目

前受収益

対象：法人・個人事業者

●この科目の概要

継続して役務を提供する契約に対して、まだ役務提供していない未経過分に対して、すでに支払いを受けている金額を計上する経過勘定の科目です。

支払いされても、役務提供していない未経過分の金額なので、当期の損益計算から除去して、貸借対照表の負債の部に計上します。

一般的には、前受けした受取利息や家賃・地代、手数料等の営業外収益に対し、適正な期間損益計算をするため、決算時に振替処理します。

●摘要（主な取引例）
◎受取利息前受　　　◎地代前受　　　　◎賃貸料前受
◎前受手数料　　　　◎前受家賃

●仕訳例

◆決算期に、当月分と来月分の家賃として合計400,000円を現金で受け取った。

借方 現金	400,000	貸方 受取家賃	200,000
		前受収益	200,000

◆前期末に前受収益として受け取っていた家賃200,000円を、当月の受取家賃に振り替えた。

借方 前受収益	200,000	貸方 受取家賃	200,000

●会計処理上のポイント

1年以上に及ぶ長期間にわたって繰り延べる前受収益は、1年基準（ワン・イヤー・ルール）によって、長期前受収益として区分します。

商品や製品、役務提供等の主たる事業取引の収益に関して、すでに支払いを受けている場合は、前受金の科目に計上します。

●税務上の注意点

営業外収益の経過勘定なので、重要性に乏しい場合は、継続して適用することを条件に、振替処理を行わないことも可能です。

貸方科目

仮受金

対象：法人・個人事業者

● この科目の概要

入金内容や理由、金額が不明で、原因がわかるまでに時間を要するような場合に、一時的な処理をするために設ける科目です。相手勘定科目や金額が確定した段階で、該当する科目に振替処理します。

長期間にわたって不明確な仮受金がある場合は、特別収益に計上することになるので注意しましょう。

● 摘要（主な取引例）

- ◎科目不明入金
- ◎科目未確定入金
- ◎最終金額未定入金
- ◎不明入金

● 仕訳例

◆決算期末の仮受金80,000円と仮払金60,000円を調査し、仮受金80,000円は売掛金の入金、仮払金60,000円は出張旅費の未精算分と判明した。

借方		貸方	
仮受金	80,000	売掛金	80,000
旅費交通費	60,000	仮払金	60,000

◆内容不明の入金15,000円を仮受金に計上していたが、決算期まで内容が判明しないため雑収入に振り替えた。

借方		貸方	
仮受金	15,000	雑収入	15,000

● 会計処理上のポイント

現金や預金等の金額を合わせるために一時的に使用する科目なので、決算期には、仮受金の内容を調査して、適正な勘定科目に振替処理します。

最終的に内容の不明な仮受金は、雑収入に振り替えて、仮受金の残高を必ずゼロにします。

貸方科目

預り金

対象：法人・個人事業者

▶この科目の概要

　従業員や役員、取引先等から、一時的に預かった金銭等を計上する科目です。預り金は、後日、当事者、または第三者に返還すべき債務です。

　具体的には、源泉徴収する①所得税や住民税等の本人負担分、②健康保険料や厚生年金、雇用保険等の本人負担分、③営業保証金や入札保証金等の取引上の慣行で一時的に預かる金額などを計上します。

　売上割戻しの預り金や社内預金、消費税等を処理する場合もあります。

▶摘要（主な取引例）

- ◎預り保証金
- ◎源泉税控除
- ◎社会保険料控除
- ◎社内預金天引き
- ◎社内旅行積立金
- ◎住民税控除
- ◎食費控除
- ◎短期営業保証金預り
- ◎短期入札保証金預り

▶仕訳例

◆今月分の給料総額3,600,000円を従業員に支給した。所得税80,000円、住民税60,000円、社会保険料の本人負担分180,000円は控除している。

借方		貸方	
給料手当	3,600,000	現金	3,280,000
		所得税預り金	80,000
		住民税預り金	60,000
		社会保険料預り金	180,000

◆給料日に従業員から預かった所得税280,000円を現金で納付した。

借方		貸方	
所得税預り金	280,000	現金	280,000

▶会計処理上のポイント

　預り金を細分化して、所得税預り金、住民税預り金、社会保険料預り金、役員預り金等の科目で管理する場合もあります。また、従業員から弁当代や社内旅行積立金・社内預金等を預かる従業員預り金、取引先からの保証金を預かる預り保証金等の科目を別途設ける方法もあります。

　1年基準（ワン・イヤー・ルール）によって、決算日の翌日から1年以内に返済期限の到来する預り金を計上します。1年を超えるものは、長期預り金や預り保証金の科目で処理します。

未払法人税等

貸方科目

対象：法人

● この科目の概要

決算で確定した当期分の法人税・住民税・事業税等の未払税額を計上するための科目です。

主たる事業以外で確定した未払額を計上するための未払金と区別して、未払税額を計上するために設ける流動負債の内訳科目です。納税充当金のような科目名を設ける場合もあります。

● 摘要（主な取引例）

- ◎ 事業税未納税額
- ◎ 市町村民税未納税額
- ◎ 住民税納付
- ◎ 住民税未納税額
- ◎ 道府県民税未納税額
- ◎ 特別区民税未納税額
- ◎ 都民税未納税額
- ◎ 法人税等納付
- ◎ 法人税見積納税額
- ◎ 法人税未納税額
- ◎ 見積法人税

● 仕訳例

◆ 決算期に当期の法人税1,000,000円と住民税500,000円を見積計上した。

| 借方 | 法人税等 | 1,500,000 | 貸方 | 未払法人税等 | 1,500,000 |

◆ 法人税及び住民税1,500,000円を小切手で納付した。

| 借方 | 未払法人税等 | 1,500,000 | 貸方 | 当座預金 | 1,500,000 |

◆ 決算で見積計上した法人税及び住民税1,500,000円と事業税300,000円を現金で納付した。

| 借方 | 未払法人税等 | 1,500,000 | 貸方 | 現金 | 1,800,000 |
| | 租税公課 | 300,000 | | | |

● 会計処理上のポイント

事業税は、利益に関連する金額を課税標準として課されるので、この科目に計上していても、納付時には租税公課として処理することができます。

● 税務上の注意点

仮払税金として計上した中間納付額のある場合は、未払法人税等の金額から中間納付額を控除して計上します。

貸方科目

仮受消費税

対象：法人・個人事業者

◉この科目の概要

　税抜方式を選択している課税事業者が、取引（課税売上）の都度、消費税の金額を計上する科目です。期末に仮受消費税と仮払消費税の差額を未払消費税として算出し、消費税を申告・納付します。

◉摘要（主な取引例）
◯仮受消費税　　　　　◯仮払消費税
◯消費税申告納付　　　◯税抜計上消費税

◉仕訳例

◆総額表示315,000円の商品を掛売りした。

借方 売掛金　　　　　315,000　　**貸方** 売上高　　　　　300,000
　　　　　　　　　　　　　　　　　　　　　　仮受消費税　　　 15,000

◆決算期に、仮払消費税500,000円と仮受消費税700,000円の差額200,000円を現金で申告納付した。

借方 仮受消費税　　　700,000　　**貸方** 仮払消費税　　　500,000
　　　　　　　　　　　　　　　　　　　　　　現金　　　　　　200,000

◉会計処理上のポイント

　消費税の経理処理には、税抜方式と税込方式があり、損金算入時期が異なります。税抜方式と税込方式の選択は、事業主の任意になりますが、原則として、すべての取引に同一の方式を適用します。

◉税務上の注意点

　税抜方式は、仮受消費税と仮払消費税の科目を設けて、損益計算に消費税を関連させない方法です。この場合、消費税を除いて仕入高・売上高を計上します。仕入に伴う消費税は仮払消費税、売上に伴う消費税は仮受消費税の科目に計上します。仮受消費税から仮払消費税を控除した金額が消費税の納付額になります。マイナスの場合は、還付税額です。

　税込方式は、仕入高・売上高に消費税を含めて計上し、納付税額は租税公課として損金算入し、還付税額は雑収入等で益金算入します。

　なお、免税事業者は、すべて税込方式になります。

Part 3　貸借対照表の勘定科目

151

貸方科目

割引手形

対象：法人・個人事業者

▶ この科目の概要

満期日前の受取手形を銀行等で割引いて、現金化した金額を計上する科目です。手形の満期日までは、割引手形として処理し、満期日の決済後に、受取手形との振替処理を行って遡及義務の消滅を示します。

▶ 摘要（主な取引例）

- ◎受取手形割引
- ◎裏書手形割引
- ◎為替手形割引
- ◎手形割引
- ◎約束手形割引
- ◎融通手形割引
- ◎割引手形

▶ 仕訳例

◆受取手形600,000円を銀行で割引き、割引料10,000円が差し引かれて当座預金に入金された。

借方		貸方	
当座預金	590,000	割引手形	600,000
支払利息割引料	10,000		

◆銀行で割引きした受取手形600,000円が期日に決済された。

借方		貸方	
割引手形	600,000	受取手形	600,000

◆銀行で割引きした受取手形300,000円が不渡りになったため、小切手を振り出して銀行に支払った。

借方		貸方	
不渡手形	300,000	当座預金	300,000
割引手形	300,000	受取手形	300,000

▶ 会計処理上のポイント

支払利息割引料は、借入金への支払利息や割引手形の支払割引料を計上する科目です。

手形の割引きは、銀行への裏書譲渡になります。割引手形が不渡りになった場合、裏書人として銀行の遡及に応じる遡及義務（偶発債務）が発生します。この場合は、不渡手形への処理を行います。

貸方科目

裏書手形

対象：法人・個人事業者

◉この科目の概要

満期日前の受取手形を、買掛金等の支払いに充てるため、裏書譲渡した金額を計上する科目です。裏書手形は、次々と支払先を回るため、回り手形とも呼ばれます。

◉摘要（主な取引例）

◎受取手形裏書　　　◎裏書手形　　　　　◎為替手形裏書
◎手形裏書譲渡　　　◎約束手形裏書

◉仕訳例

◆仕入先に対する買掛金を支払うため、200,000円の受取手形を裏書譲渡した。

| 借方 | 買掛金 | 200,000 | 貸方 | 裏書手形 | 200,000 |

◆仕入先に裏書譲渡した約束手形200,000円が期日に決済された。

| 借方 | 裏書手形 | 200,000 | 貸方 | 受取手形 | 200,000 |

◆裏書手形200,000円が不渡りになり、回り手形の受取先から買い戻し請求を受けて現金で支払った。

| 借方 | 不渡手形 | 200,000 | 貸方 | 現金 | 200,000 |
| | 裏書手形 | 200,000 | | 受取手形 | 200,000 |

◉会計処理上のポイント

　手形には、支払先振出の約束手形と、振出人と支払先の異なる為替手形がありますが、事業の代金回収として受け取った手形は、いずれも受取手形として処理します。

　受取手形を裏書譲渡することによって手形の回収権を譲渡したことになりますが、裏書譲渡後も裏書人として遡及に応じる遡及義務（偶発債務）の発生する可能性は残ります。

　裏書手形が不渡りになった場合、偶発債務の発生として手形を買い戻し、不渡手形への仕訳を行います。

Part 3 貸借対照表の勘定科目

長期借入金

貸方科目

対象：法人・個人事業者

▶ この科目の概要

返済期日が1年を超える借入金を計上するための科目です。

1年基準（ワン・イヤー・ルール）によって、返済期限が1年以内に迫った長期借入金は、短期借入金に振り替えます。

▶ 摘要（主な取引例）

- ◎関係会社からの借入
- ◎銀行からの借入
- ◎個人からの借入
- ◎証書借入金
- ◎短期借入金に振替
- ◎手形借入金
- ◎取引先からの借入
- ◎役員からの借入

▶ 仕訳例

◆銀行に依頼して長期借入れした運転資金30,000,000円が、当座預金に入金された。

| 借方 | 当座預金 | 30,000,000 | 貸方 | 長期借入金 | 30,000,000 |

◆長期借入金のうち300,000円の自動返済が行われ、利息10,000円とともに当座預金から引き落とされた。

| 借方 | 長期借入金 | 300,000 | 貸方 | 当座預金 | 310,000 |
| | 支払利息割引料 | 10,000 | | | |

◆長期借入金1,500,000円が、翌期に全額返済期限となるため決算時に短期借入金に振替処理した。

| 借方 | 長期借入金 | 1,500,000 | 貸方 | 短期借入金 | 1,500,000 |

▶ 会計処理上のポイント

支払利息割引料は、借入金への支払利息や割引手形の支払割引料を計上する科目です。借入金の返済時には、元金分と利息分を確認して仕訳します。

役員・従業員や関係会社からの借入金は、通常の資金調達方法ではありませんから、別途、役員長期借入金・従業員長期借入金、関係会社長期借入金等の科目を設けて区分しましょう。

預り保証金／長期預り金

貸方科目

対象：法人・個人事業者

●この科目の概要

1年基準（ワン・イヤー・ルール）によって、契約期間1年を超える長期間に及ぶ保証金や預り金を計上するための科目です。

具体的には、①賃貸借契約に基づいて預かる敷金等のように返還を要する部分、②得意先から担保として受け入れる営業上の保証金等で、返済期間が1年を超えるものを計上する科目です。

●摘要（主な取引例）

◎預り保証金　　　　　　◎敷金預り　　　　　　◎代理店契約保証金預り
◎長期営業保証金預り　　◎賃貸保証金預り　　　◎保証金預り

●仕訳例

◆ビルの賃貸契約に際して、3年間の契約で保証金800,000円を預かり、当座預金に入金した。

|借方| 当座預金 | 800,000 |貸方| 預り保証金 | 800,000 |

◆賃貸契約の終了に伴い、保証金800,000円を現金で返却した。

|借方| 預り保証金 | 800,000 |貸方| 現金 | 800,000 |

◆新規に取引を開始したA社から営業保証金1,200,000円が振り込まれた。返済期限は3年後だが、取引継続に伴って自動更新される。

|借方| 普通預金 | 1,200,000 |貸方| 長期預り金 | 1,200,000 |

●会計処理上のポイント

契約に従って1年を超える長期間の役務や権利を提供する際に預かる金額です。入札保証金のように短期間で返済する取引慣行での預り保証金は、「預り金」の科目で処理します。

預り保証金や長期預り金は固定負債の内訳科目に表示します。

退職給付引当金

貸方科目

対象：法人・個人事業者

▶ この科目の概要

　退職給付に係る負債を、貸借対照表に計上する場合に用いる科目です。
　労働協約や就業規則等に基づいて退職金支給義務を負う企業が、従業員の退職金の支給に備えるために設ける引当金を処理します。各従業員に将来支給する可能性のある退職債務の金額は、退職給付見込額として見積もります。
　退職給付債務は、従業員に支給される退職給付のうち、認識時点までに発生していると認められるものです。

▶ 摘要（主な取引例）

◎退職給付引当金繰入　　◎退職金支給取崩し　　◎退職金見積額

▶ 仕訳例

◆決算時に、退職給付引当金3,000,000円を繰り入れた。

| 借方 | 退職給付引当金繰入 | 3,000,000 | 貸方 | 退職給付引当金 | 3,000,000 |

◆退職給付引当金3,000,000円を設定済の従業員が退職することになり、退職金3,500,000円を支払った。源泉税350,000円は控除している。

| 借方 | 退職給付引当金 | 3,000,000 | 貸方 | 現金 | 3,150,000 |
| | 退職金 | 500,000 | | 預り金 | 350,000 |

▶ 会計処理上のポイント

　退職給付引当金の対象は、退職一時金と企業年金の双方になります。
　大企業に適用される退職給付会計では、退職給付債務等を原則的な計算方法（原則法）によって計上するなどの複雑な処理が必要です。
　従業員300人未満の小規模企業（300人以上でも従業員の年齢構成や勤務期間に偏りのある企業）では、退職一時金制度と企業年金制度それぞれに対して、簡便法による計算方法が規定されています。
　また、簡便法で退職給付引当金を計算する場合には、退職給付債務から控除すべき年金資産の額についても簡便的な算出方法が認められています。
　企業年金制度を採用している場合や退職給付信託を設定している場合など、会社の実態に即した処理方法を検討しましょう。

COLUMN 退職給付

◆退職給付債務と退職給付費用の計算

退職給付会計では、退職給付債務と退職給付費用の計算が基本になります。各事業年度に、合理的方法によって、従業員に支給される退職給付の総額から期末までに発生していると認められる退職金の額を、予想退職時期毎に計算して、一定の割引率を用いて退職給付債務を計算し、貸借対照表に退職給付引当金として計上します。

大企業に適用されている退職給付会計では、退職給付債務等を原則的な計算方法（原則法）で計上するという複雑な処理が必要です。

◎退職給付費用の計算（原則法）

退職給付費用＝勤務費用＋利息費用－期待運用収益＋ 過去勤務債務及び数理計算上の差異のうち費用処理分

◆小規模企業に認められる簡便法

従業員300人未満の小規模企業（300人以上でも年齢構成や勤務期間に偏りのある企業）には、原則法を使わずに、簡便法によって退職給付債務を計算することが認められています。

簡便法で退職一時金制度の退職給付債務を計算する場合には、以下①～③から最も合理的な方法を選択します。

①退職給付会計基準の適用初年度の期首における退職給付債務の額を原則法で計算、その額と自己都合要支給額との比（比較指数）を求め、期末時点の自己都合要支給額に比較指数を乗じた金額。
②期末自己都合要支給額に、平均残存勤務期間に対応する割引率および昇給率の各係数を乗じた金額。
③期末自己都合要支給額。

中小企業退職金共済（中退共）制度

中小企業の退職金支払制度として、中小企業退職金共済（中退共）があります。中退共は、退職した従業員に中退共から直接退職金を支払う制度です。

この制度を利用するには、事業主が中退共と退職金共済契約を結び、毎月の掛金を金融機関に納付する必要があります。

中退共制度の掛金は、法人の場合は損金、個人事業の場合は必要経費として、全額非課税になります。

貸方科目

事業主借

対象：個人事業者

◉ この科目の概要

個人事業主から事業に必要な資金を受け入れたり、預金利息・配当金・有価証券売却益等の事業所得以外の収入を事業に組み入れた場合の金額を計上するための科目です。

事業主借は、個人事業主からの一時的な借り入れという意味で、反対科目は事業主貸です。事業主借と事業主貸は、期末に相殺して元入金に振り替えます。

◉ 摘要（主な取引例）

◎受取配当金	◎解約時利息	◎書換利息
◎貸付金利息	◎株式配当金	◎金融債利息
◎現金補充	◎国債利息	◎個人資金拠出
◎社債利息	◎収益分配金	◎出資配当金
◎中間配当金	◎通知預金利息	◎定期積金償還差額
◎定期預金利息	◎手形割引料受取	◎投資信託収益分配金
◎特別分配金	◎配当金	◎普通預金利息
◎保険契約者配当金	◎保証金利息	◎満期利息
◎みなし配当金	◎有価証券売却益	◎有価証券利息
◎郵便貯金利息	◎利益分配金	

◉ 仕訳例

◆事業資金が不足しているので、事業主が現金2,000,000円を事業用に出資した。

借方 現金　　　　2,000,000　　　**貸方** 事業主借　　　　2,000,000

◆事業用の普通預金利息6,400円が入金された。源泉税等の20％は控除されている。

借方 普通預金　　　6,400　　　**貸方** 事業主借　　　　6,400

◉ 個人事業者の処理

個人事業者には、法人の有価証券売却益に相当する科目がないので、株式や債券等の有価証券売却益も事業主借で処理します。

◉ 税務上の注意点

事業用の預金に対する利息は、源泉分離課税で課税終了します。

貸方科目

資本金

対象：法人

● この科目の概要

　法定資本として、会社法によって規定される払込資本の金額を計上するための科目です。

　会社にとって事業運営上の基礎になる資金で、株主が払い込み又は給付した財産の額になります。このうち2分の1を超えない額は、資本金として計上せず、資本準備金として計上することも可能です。

● 摘要（主な取引例）

◎会社設立　　　　　◎欠損金補填　　　　　◎減資
◎増資　　　　　　　◎無償増資　　　　　　◎有償増資

● 仕訳例

◆資本金10,000,000円の株式会社を設立して、払込金10,000,000円を別段預金に入金した。

借方 別段預金　　　10,000,000　　**貸方** 資本金　　　10,000,000

◆株主総会の決議によって、配当可能利益から5,000,000円を資本金に組み入れた。

借方 未処分利益　　5,000,000　　**貸方** 資本金　　　5,000,000

◆株主総会の決議によって、資本準備金から8,000,000円を資本金に組み入れた。

借方 資本準備金　　8,000,000　　**貸方** 資本金　　　8,000,000

● 会計処理上のポイント

　会社設立の登記手続後や新株払込期日の到来後、別段預金は、その他の預金に振替処理します。

● 税務上の注意点

　資本金の増加（増資）は、有償増資や無償増資によって行われます。

　有償増資は、公募増資・第三者割当増資・株主割当増資・新株予約権の行使等で、株主からの払い込みや給付による方法です。

　無償増資は、資本準備金や利益準備金の法定準備金から資本組入や配当可能利益の資本組入等による方法です。法定準備金の組入順序や新株発行の有無は、会社の任意になります。

資本準備金

貸方科目

対象：法人

▶この科目の概要

　法定準備金として、会社法によって積立を要する資本剰余金の金額を計上する科目です。

　資本準備金は、資本金に準じる性質を持つもので、株主から払い込み又は給付を受けた額のうち2分の1を超えない額を資本組入しない場合は、資本準備金に計上しなければなりません。

▶摘要（主な取引例）

◎株式発行差金　　◎欠損金補填　　◎資本金組入　　◎法定準備金

▶仕訳例

◆欠損補填のため資本準備金3,000,000円の取り崩しを株主総会によって決議した。

| 借方 | 資本準備金 | 3,000,000 | 貸方 | 未処理損失 | 3,000,000 |

◆株主総会の決議によって、資本準備金から5,000,000円を資本金に組み入れた。

| 借方 | 資本準備金 | 5,000,000 | 貸方 | 資本金 | 5,000,000 |

▶会計処理上のポイント

　剰余金は、資本剰余金と利益剰余金に分類されます。資本剰余金は、さらに、法定の資本準備金とその他資本剰余金に分類されます。

　剰余金の配当をする場合、配当により減少する剰余金の額に、10分の1を掛けた金額を、資本準備金または利益準備金として計上しなければなりません。

　会社法では、会社の実質的な資本充実を担保するため、純資産額が300万円を下回る場合に、剰余金の配当をすることはできません。

貸方科目

利益準備金

対象：法人

▶この科目の概要

　法定準備金として、会社法によって積立を要する利益剰余金の金額を計上する科目です。

　会社が剰余金の配当をする場合、配当により減少する剰余金の額に、10分の1を掛けた金額を、資本準備金または利益準備金として計上しなければなりません。

▶摘要（主な取引例）

- ◎欠損補填
- ◎資本金組入
- ◎中間配当積立
- ◎法定準備金
- ◎みなし配当
- ◎利益処分積立
- ◎利益処分取崩し

▶仕訳例

◆株主総会の決議で、利益準備金4,000,000円を資本金に組み入れ、源泉税として1,000,000円を預り金処理した。

借方	利益準備金	4,000,000	貸方	資本金	4,000,000
	未処分利益	1,000,000		源泉税預り金	1,000,000

◆株主総会の決議により、未処理損失の填補として、利益準備金から3,000,000円を取り崩した。

借方	利益準備金	3,000,000	貸方	未処分利益	3,000,000

▶会計処理上のポイント

　剰余金は、資本剰余金と利益剰余金に分類されます。利益剰余金は、さらに、利益準備金とその他利益剰余金に分類されます。

　剰余金の配当をする場合、配当により減少する剰余金の額に、10分の1を掛けた金額を、資本準備金または利益準備金として計上しなければなりません。

　会社法では、会社の実質的な資本充実を担保するため、純資産額が300万円を下回る場合に、剰余金の配当をすることはできません。

Part 3　貸借対照表の勘定科目

貸方科目

別途積立金
（任意積立金）　　　　　　　　　　　　　　　対象：法人

▶この科目の概要
　特定の使用目的を持たない任意積立金で、将来に備えてその他利益剰余金を積立計上する場合の科目です。

▶摘要（主な取引例）
◎欠損補填　　　　　◎他積立金代用　　　　◎任意積立金
◎別途積立金　　　　◎利益処分積立　　　　◎利益処分取崩し

▶仕訳例
◆株主総会の決議によって、別途積立金5,000,000円を設定した。
借方 未処分利益　　　5,000,000　　**貸方** 別途積立金　　　5,000,000

◆株主総会の決議によって、欠損金2,000,000円を補填するため別途積立金を取り崩した。
借方 別途積立金　　　2,000,000　　**貸方** 未処理損失　　　2,000,000

▶会計処理上のポイント
　別途積立金（任意積立金）は、特定の目的を持たない任意積立金なので、通常は、利用しない場合もあります。

COLUMN 平成19年度税制改正について

◆減価償却制度を抜本的に見直し

平成19年1月に閣議決定された平成19年度税制改正で、減価償却制度の抜本的見直しを中心として、棚卸資産の評価や納税環境整備等に関する税制改正が公表されました。

◆償却可能限度額と残存価額を廃止

平成19年4月1日以後に取得する減価償却資産について、償却可能限度額および残存価額を廃止して、耐用年数経過時点で1円の備忘価額まで償却できるようになります。

これに伴い、定率法の償却率を、定額法の償却率の2.5倍として、特定事業年度以降は残存年数による均等償却によって1円まで償却可能になります。

なお、平成19年3月31日以前に取得した減価償却資産については、償却可能限度額まで償却した事業年度等の翌事業年度以降5年間で1円まで均等償却できるようになります。

◆棚卸資産の評価について

低価法を適用する場合の評価額は、事業年度末の価額になります。

また、トレーディング目的の棚卸資産の場合は、時価で評価します。

◆リース取引関連税制

ファイナンス・リースのうち、リース期間の終了時にリース資産の所有権が賃借人に無償で移転するもの等以外の取引（所有権移転外ファイナンス・リース）で、平成20年4月1日以後に締結する契約は以下の扱いになります。

①所有権移転外ファイナンス・リースは、売買取引とみなされます。

②所有権移転外ファイナンス・リースで賃借人のリース資産の償却方法は、リース期間を償却期間とするリース期間定額法になります。これを賃借料に仕訳した場合も償却費として扱います。

③所有権移転外ファイナンス・リースの賃貸人は、リース料総額から原価を控除したリース利益額のうち、受取利息と認められる部分の金額（リース利益額の20％相当額）を利息法により収益計上し、それ以外の部分の金額をリース期間にわたって均等額で収益計上できます。

④平成20年3月31日以前に締結した所有権移転外ファイナンス・リースの賃貸資産は、同年4月1日以後に終了する事業年度からリース期間定額法で償却可能になります。

◆役員給与の整備

①定期同額給与

職制上の地位の変更等により改定された定期給与も定期同額給与として扱われます。

②事前確定届出給与

届出期限を、役員給与に係る定めの決議をする株主総会等の日から1か月経過日とするほか、同族会社以外の法人が定期給与を受けていない役員に支給する給与の届出を不要にします。

*平成19年度税制改正は、国会審議を経て、関連法が成立次第実施されます。

貸方科目

元入金

対象：個人事業者

◉ この科目の概要

個人事業者にとって、法人の資本金に相当する科目です。個人事業では、資本金でなく元入金の科目を用います。

個人事業を開始する際に用意した事業資金を計上する科目で、青色申告する個人事業者の貸借対照表科目になります。事業の継続中は、毎期首の元入金が、当期の事業用資金になります。

◉ 摘要（主な取引例）
- ◎ 開業資金拠出
- ◎ 個人事業資金
- ◎ 事業開始資金
- ◎ 年度末振替

◉ 仕訳例

◆個人事業を開始するため新規に普通預金口座を開設し、3,000,000円を入金した。

| 借方 普通預金 | 3,000,000 | 貸方 元入金 | 3,000,000 |

◆年末に事業主貸2,000,000円と事業主借2,500,000円を相殺し、元入金に振替処理した。

| 借方 事業主借 | 2,500,000 | 貸方 事業主貸 | 2,000,000 |
| | | 元入金 | 500,000 |

◉ 会計処理上のポイント

各期の事業主貸と事業主借は、期末（年末）に相殺して元入金に振替計上します。元入金は、期首の資産総額から負債総額を引いた金額になりますから、期中には変化しません。

翌期首の元入金には、「前期末の元入金＋控除前所得＋事業主借－事業主貸」の金額を振替処理します。

COLUMN 個人事業の勘定科目

◆個人事業独自の勘定科目

　法人の勘定科目には、受取利息や受取配当金、有価証券売却益・有価証券売却損などの勘定科目がありますが、個人事業者にはありません。

　代わりに、個人事業には、自家消費（家事消費等）や専従者給与、事業主貸・事業主借、元入金という独自の勘定科目があります。

　これらは、事業と個人（事業主）、家事（事業にならない生活費等）の間での物品や金銭の動きを表しています。

自家消費／家事消費等→物品

　事業用の物品を、家事（自家消費）に使ったり、贈与した場合。自家消費分や贈与分は売上高（貸方）、借方は事業主貸。

専従者給与→金銭

　税務署に提出した青色事業専従者給与に関する届出書に記載した生計を一にする配偶者や15歳以上の親族に支払った給与。白色申告は制限が多い。

事業主貸→金銭

　事業主への貸付け。生活費や諸税金（所得税・住民税等）の立替払額、按分した家事関連費の家事分、有価証券売却損等の必要経費にならない金額。

事業主借→金銭

　事業主から事業への借り入れ。事業資金の受け入れや預金利息・配当金・有価証券売却益等の事業所得以外の収入を事業に組み入れた場合の金額。

元入金→金銭
事業の原資。

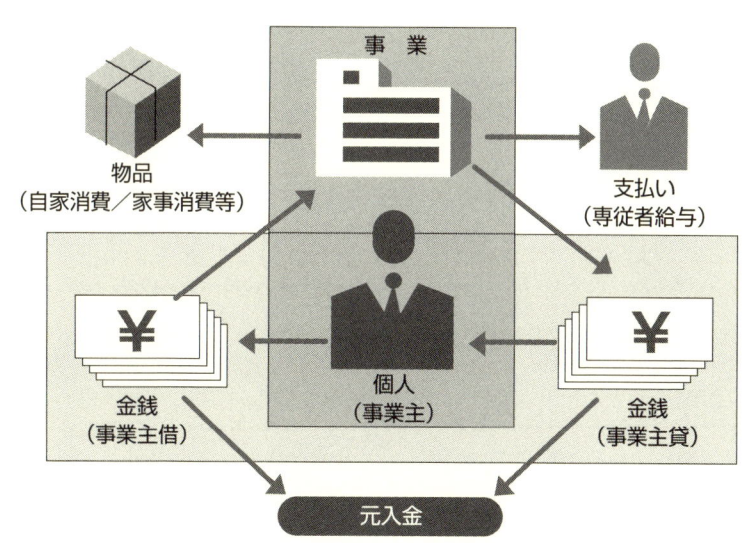

◎個人事業独自の物品・金銭の扱い

前期末の元入金＋控除前所得＋事業主借－事業主貸

COLUMN
青色申告特別控除と損失繰越し

◆青色申告特別控除

　青色申告の個人事業者は、家事関連費や専従者給与等の優遇措置を受けていますが、さらに、青色申告特別控除を受けることもできます。青色申告特別控除は、その年度の事業所得から最高65万円、あるいは10万円を控除するものです。

　この最高65万円の青色申告特別控除を受けるには、正規の簿記(複式簿記)で記帳し、確定申告期限内に、この記帳に基づいて作成した貸借対照表と損益計算書を、確定申告書に添付して提出する必要があります。

　この要件に該当しない青色の個人事業申告者は、最高10万円の青色申告特別控除になります。

　なお、現金主義を選択している場合、65万円の青色申告特別控除を受けることはできません。

◆3年間の損失繰越し

　赤字による純損失が生じた場合は、その損失額を翌年以降3年間にわたって繰越して毎年の所得から差し引くことができます。

　前年も青色申告している場合は、損失額を前年分の所得から差し引いて、所得税の還付を受けることも可能です。

★このように正規の簿記(複式簿記)によって青色申告している個人事業者には、さまざまな優遇措置が用意されているのです。

Part—4
電子帳簿保存法と電子納税

帳簿書類の電子的な保存について

電子帳簿

◆帳簿書類の保存期間

　法人や個人の事業者には、事業に関する帳簿や書類を備え付け、取引を記録して、保存する責任があります。

　会計処理に関しては、貸借対照表や損益計算書、棚卸表、決算に関して作成されたその他の書類、仕訳帳、総勘定元帳、現金・預金出納帳、売上帳、仕入帳、経費帳、売掛金元帳、買掛金元帳、固定資産台帳等の帳簿書類や領収書・契約書・見積書・注文書等の証憑類のように多くの帳簿書類があります。

　このような帳簿書類は、税務調査の遡及期間に対応して、税法では7年間の保存を義務づけています。さらに、会社法では、会計帳簿および事業に関する重要な資料に関して、10年間の保存期間になります。

　中小企業や個人事業者にとって、帳簿書類の保存スペースの確保や、過去の帳簿書類の内容を確認するために相当な労力を要する場合もあります。

　このような帳簿書類を電子的な媒体に保存することを可能にしたのが電子帳簿保存法（電子計算機を使用して作成する国税関係帳簿書類の保存方法等の特例に関する法律）です。

◆電子帳簿保存法の特徴

　電子帳簿保存法に関して税務署長等の承認を受けると、国税関係の帳簿書類を電子的に保存できるようになります。

　簡単に言えば、パソコンの中やフロッピーディスク、CD-RやDVD、または電子計算機出力マイクロフィルム（COM）等に、帳簿書類を電磁的に記録して保存できるわけです。

　保存対象は、国税関係帳簿の一部でも全部でもかまいません。

　保存要件として、自己が最初の記録段階から一貫して電子計算機を使用して作成した帳簿書類なら、すべて電子帳簿保存法の対象にできます。

　また、電子取引（EDI取引）に関する電磁的記録も対象になりますし、原本が紙の国税関係書類でも帳簿・決算関係書類、記載金額3万円以上の契約書と領収書を除く書類は、すべてスキャナ保存が可能です。

◆電子帳簿保存法と会計ソフトの関係

　電子帳簿保存法の適用を受けるメリットは、対応した会計ソフトを連携させることで、最大限に発揮できます。

　会計ソフトで作成した帳簿書類は、「自己が最初の記録段階から一貫して電子計算機を使用して作成した」ことになりますから、すべて電磁的な保存の対象になります。

　市販されている会計ソフトの多くは、電子帳簿保存法に対応しています。税務署に申請して、承認を受けると、保存スペースの確保だけでなく、会計ソフトを利用するメリットを享受することも可能になります。

◆青色申告と複式帳簿

　会計ソフトを使う代表的なメリットを、以下に整理しましょう。
①青色申告で必要な複式帳簿を作成できる。
②入力した仕訳は、自動的に関連する帳簿書類に転記される。
③帳簿書類の計算を自動的に行う。
④決算書の作成・計算・記入を自動的に処理する機能がある。
⑤検索機能で過去の保存記録を調べることができる。
⑥業績分析や資金繰記録等の経営判断に必要なデータを作成できる。

　青色申告事業者は、正規の簿記として複式帳簿に記帳しなければなりませんが、会計ソフトを利用すると、基本的に複式帳簿を自動作成できるのです。

　過去の記録を検索する機能や業績分析等も、会計ソフトならではの機能ですから、担当者の労力を大幅に削減できます。

◆電子帳簿保存法の申請手続き

　電子帳簿保存法の適用を受けるには、税務署への申請が必要です。申請は、電子帳簿の保存処理を開始する日から3か月前までに行います。

　申請書は、税務署か国税庁のホームページから「国税関係帳簿の電磁的記録等による保存等の承認申請書」と「国税関係書類の電磁的記録等による保存の承認申請書」を入手します。

　帳簿と書類それぞれに承認申請書があるので、注意しましょう。

該当事項を記入して、添付書類とともに税務署に申請して、承認を受けると、帳簿書類の電磁的な保存が可能になります。

　電子帳簿保存法に対応している会計ソフトのマニュアルには、具体的な申請手続きの方法や添付資料の作成例等も記載されています。

　仕訳や帳簿書類の作成に関わる労力と、帳簿書類の保存スペースを削減するためにも、電子帳簿保存法と会計ソフトを活用してみましょう。

◎電子帳簿保存法の申請手続き

```
┌─────────────────────────────────────────┐
│「国税関係帳簿の電磁的記録等による保存等の承認申請書」│
│「国税関係書類の電磁的記録等による保存の承認申請書」 │
├─────────────────────────────────────────┤
│      ＊税務署か国税庁のホームページから入手できます      │
└─────────────────────────────────────────┘
                       ▼
┌─────────────────────────────────────────┐
│      会計ソフトが電子帳簿保存法に対応していることを確認      │
├─────────────────────────────────────────┤
│      ＊作成できる帳簿書類の種類等も確認します      │
└─────────────────────────────────────────┘
                       ▼
┌─────────────────────────────────────────┐
│              該当事項を記入              │
├─────────────────────────────────────────┤
│ ＊電磁的に保存する帳簿書類の種類や使用システム等を記入します │
└─────────────────────────────────────────┘
                       ▼
┌─────────────────────────────────────────┐
│             添付書類を作成             │
├─────────────────────────────────────────┤
│＊ソフトに付属している作成例等を参考に事務手続書等を作成します│
└─────────────────────────────────────────┘
```

事務所や自宅でできる電子納税

電子納税

◆インターネットを利用した電子納税

　会計ソフトで帳簿書類を効率的に作成して、電子帳簿保存法で保存するなら、納税処理も効率化したいものです。

　納税処理についても、電子納税という方法があります。

　電子納税は、所得税や法人税、消費税等の申告や源泉税等を含め、すべての税目の納税を、インターネットを利用して行う方法です。

　源泉所得税の毎月納付分を、銀行窓口で行っているような場合は、大幅な労力の削減につながります。

　電子納税を行うには、税務署への届出や電子証明書の取得、納税用のe-Taxソフトのインストールに加え、取引銀行とインターネットバンキング等の契約が必要になります。

　所得税や法人税・消費税の申告納付に限る場合（特定納税専用手続）と、源泉所得税等の納付まで行う場合（申告・納税等手続）で、e-Taxソフトの利用の有無など多少の違いがあります。

　また、会計ソフトとの連携に関しての問題など、今後の改善が必要な部分もありますが、効率的な会計処理に伴う作業として、申告・納税の効率化についても検討してみましょう。

◆国税庁のホームページで税務会計の情報を収集

　国税庁のホームページに、「国税電子申告・納税システム（e-Tax）」のコーナーが設けられています。

　ほかにも、国税庁のホームページには、税金に関するタックスアンサーや確定申告書作成コーナー等の税務会計に役立つ情報が掲載されています。

　会計処理には、事業会計と税務会計の側面がありますから、税務会計に偏りすぎる必要はありませんが、納税に関わる労力を削減することも、効率的に事業を行うために必要なことといえます。

　次ページに「特定納税専用手続」と「申告・納税等手続」の電子申告・電子納税の手続きの流れを図示しておきます。

Part 4　電子帳簿保存法と電子納税

◎電子申告・電子納税の手続きの流れ

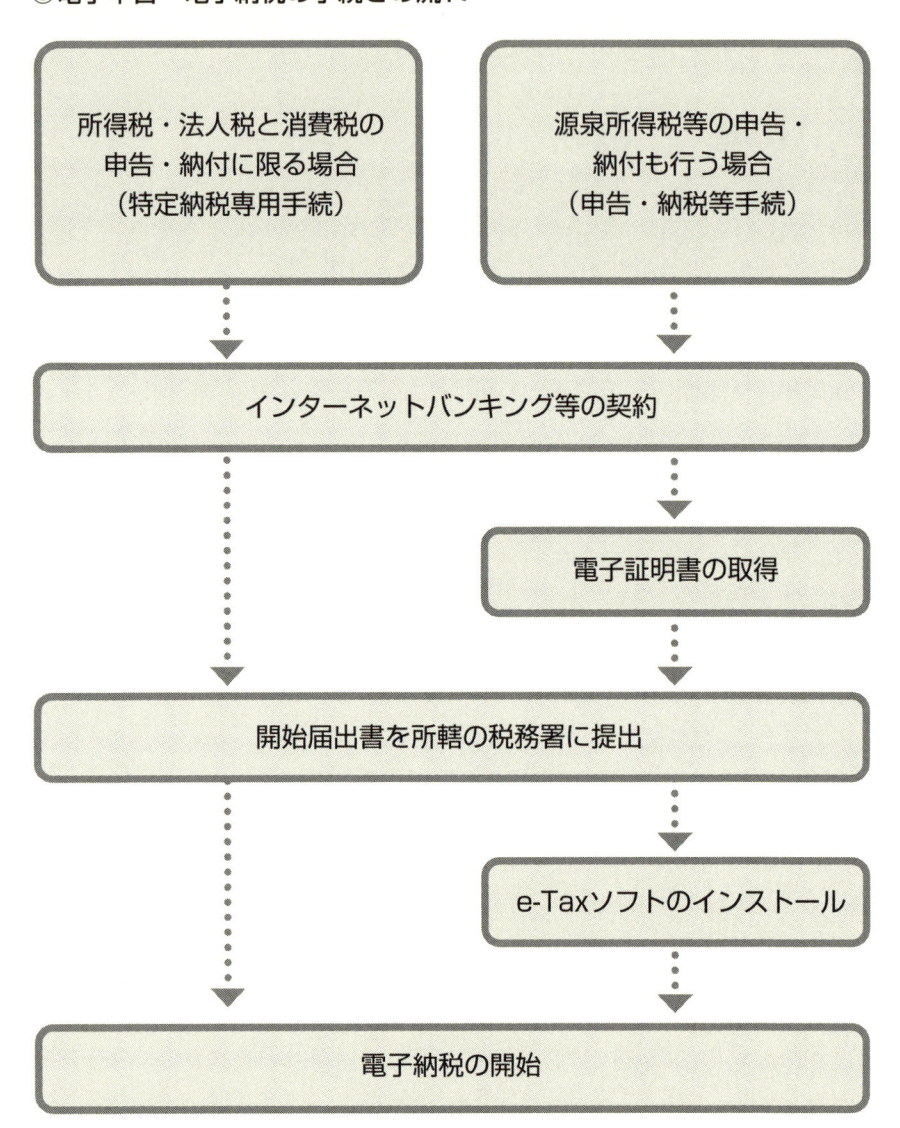

```
┌─────────────────────┐     ┌─────────────────────┐
│ 所得税・法人税と消費税の │     │ 源泉所得税等の申告・  │
│  申告・納付に限る場合   │     │   納付も行う場合     │
│   （特定納税専用手続）  │     │  （申告・納税等手続） │
└──────────┬──────────┘     └──────────┬──────────┘
           │                            │
           │         ┌──────────────────┘
           │         ▼
           │    ┌─────────────────────────────┐
           │    │ インターネットバンキング等の契約 │
           │    └──────────────┬──────────────┘
           │                   │
           │                   ▼
           │              ┌─────────────────┐
           │              │  電子証明書の取得  │
           │              └────────┬────────┘
           │                       │
           ▼                       ▼
      ┌─────────────────────────────────┐
      │   開始届出書を所轄の税務署に提出    │
      └────────────────┬────────────────┘
                       │
                       ▼
              ┌─────────────────────┐
              │ e-Taxソフトのインストール │
              └──────────┬──────────┘
                         │
                         ▼
              ┌─────────────────┐
              │   電子納税の開始   │
              └─────────────────┘
```

＊平成19年度税制改正では、電子証明書を取得した個人が、平成19年分または平成20年分の所得税確定申告書の提出を、その電子署名および電子証明書によって行う場合、一定の要件で、その年分の所得税額から5,000円控除されます。
この控除は、平成19年分か平成20年分のどちらかです。関連法の成立後、平成20年1月4日以後に、所得税の確定申告書の提出を電子申告する場合に適用されます。

さくいん —— index

摘要（主な取引例）・勘定科目・キーワードから調べる50音順さくいん

法人の損益計算書科目から調べるさくいん
法人の貸借対照表科目から調べるさくいん
個人事業者の青色申告損益計算書科目から調べるさくいん
個人事業者の青色申告貸借対照表（資産負債調）科目から調べるさくいん

摘要（主な取引例）・勘定科目・キーワードから調べる
５０音順さくいん

*[法]→法人　[個]→個人事業者　販管費→販売費及び一般管理費
*摘要（主な取引例）によっては、複数の勘定科目に該当する場合があります。

事業実態に応じてご利用ください。

摘要（主な取引例） 勘定科目　キーワード	決算書項目の区分	掲載 ページ

あ

アーケード	建物付属設備（有形固定資産）	119
アーケード設置負担金	繰延資産（繰延資産）	137
IR費用	広告宣伝費（[法] 販管費／[個] 経費）	48
アウトソーシング費用（販売促進）	販売促進費（[法] 販管費／[個] 経費）	46
青色申告		53・169
青色事業専従者		89
赤い羽共同募金	寄付金（[法] 販管費／[個] 経費）	65
預り金	（流動負債）	149
預り金振替	売掛金（流動資産）	98
預り金利息の支払い	支払利息／利子割引料 （[法] 営業外費用／[個] 経費）	76
預り保証金	預り金（流動負債）	149
預り保証金	預り保証金／長期預り金（固定負債）	155
斡旋費用の支払い	支払手数料（[法] 販管費／[個] 経費）	58
後入先出法		103
洗替法		81
アルバイト賃金	雑給／外注工賃（[法] 販管費／[個] 経費）	40
按分率		53

い

慰安旅行費用	福利厚生費（[法] 販管費／[個] 経費）	43
e-Taxソフト		171
意匠権	（無形固定資産）	130・131
維持管理費用	修繕費（[法] 販管費／[個] 経費）	62
椅子購入	消耗品費（[法] 販管費／[個] 経費）	54
委託研究費用	研究開発費（[法] 販管費／[個] 経費）	66
委託品の販売	売上高（[法] 営業収益／[個] 売上（収入）金額）	24
一時立替	立替金（流動資産）	108
移動平均法		103
違約金支払い	雑損失（[法] 営業外費用）	79
医療機器	工具器具備品（有形固定資産）	123
印鑑代	事務用品費（[法] 販管費／[個] 経費）	63
印刷設備	機械装置（有形固定資産）	121

印刷費用	事務用品費（[法] 販管費／[個] 経費）･･････････････	63
印紙税	租税公課（[法] 販管費／[個] 経費）･･････････････	55
飲食代（会議）	会議費（[法] 販管費／[個] 経費）･･････････････････	50
飲食代（接待）	接待交際費（[法] 販管費／[個] 経費）･････････････	49
インターネット料金	通信費（[法] 販管費／[個] 経費）･･････････････････	45

う

請負サービス	売上高（[法] 営業収益／[個] 売上（収入）金額）･････	24
請負代金未収	売掛金（流動資産）････････････････････････････････	98
受取手形	（流動資産）･･････････････････････････････････････	96
受取手形裏書	裏書手形（流動負債）･･････････････････････････････	153
受取手形回収不能見込額	貸倒引当金繰入	
	（[法] 販管費／[個] 各種引当金・準備金等）･･････	68
受取手形不渡	不渡手形（流動資産）･･････････････････････････････	116
受取手形割引	割引手形（流動負債）･･････････････････････････････	152
受取配当金	受取配当金（[法] 営業外収益）･････････････････････	72
受取配当金	事業主借（[個] 独自の勘定科目）･･････････････････	158
受取利息	（[法] 営業外収益）･･･････････････････････････････	71
受取利息前受	前受収益（流動負債：経過勘定）････････････････････	147
内金	前受金（流動負債）････････････････････････････････	146
うちわ（社名入り）	広告宣伝費（[法] 販管費／[個] 経費）･････････････	48
埋立費用	土地（有形固定資産）･･････････････････････････････	124
裏書手形	裏書手形（流動負債）･･････････････････････････････	153
裏書手形受取	受取手形（流動資産）･･････････････････････････････	96
裏書手形不渡	不渡手形（流動資産）･･････････････････････････････	116
裏書手形割引	割引手形（流動負債）･･････････････････････････････	152
売上	売上高（[法] 営業収益／[個] 売上（収入）金額）･････	24
売上計上基準	･･	25
売上商品の返品	売上戻り高（[法] 営業収益／[個] 売上（収入）金額）	27
売上奨励金の支払い	販売促進費（[法] 販管費／[個] 経費）･････････････	46
売上諸掛	･･	47
売上代金未収	売掛金（流動資産）････････････････････････････････	98
売上高	（[法] 営業収益／[個] 売上（収入）金額）･････････	24
売上値引高	（[法] 営業収益／[個] 売上（収入）金額）･････････	26
売上値引戻入	売掛金（流動資産）････････････････････････････････	98
売上目標達成金	売上割戻し高	
	（[法] 営業収益／[個] 売上（収入）金額）････････	28
売上目標達成金	仕入割戻し高（[法] 営業費用／[個] 売上原価）･････	34
売上戻り高	（[法] 営業収益／[個] 売上（収入）金額）･････････	27
売上割戻し	売上割戻し高	
	（[法] 営業収益／[個] 売上（収入）金額）････････	28
売上割戻し	仕入割戻し高（[法] 営業費用／[個] 売上原価）･････	34
売上割戻し高	（[法] 営業収益／[個] 売上（収入）金額）･････････	28

あ行 う～お

売掛金	（流動資産） …………………………………	98
売掛金回収不能見込額	貸倒引当金繰入	
	（[法] 販管費／[個] 各種引当金・準備金等）………	68
売掛金相殺	買掛金（流動負債）…………………………	142
売掛債権貸倒れ	貸倒損失・貸倒金（[法] 販管費／[個] 経費）	69
運送保険料	仕入高（[法] 営業費用／[個] 売上原価）	30
運送保険料	保険料（[法] 販管費／[個] 経費）…………	61
運送料	仕入高（[法] 営業費用／[個] 売上原価）	30
運動会費用	福利厚生費（[法] 販管費／[個] 経費）……	43
運動場	土地（有形固定資産）………………………	124

え

エアカーテン	建物付属設備（有形固定資産）……………	119
エアクッション代	荷造運賃（[法] 販管費／[個] 経費）………	47
営業外受取手形	…………………………………………………	96
営業権	（無形固定資産）………………………	128・131
営業所	建物（有形固定資産）………………………	118
営業保証金の支払い	保証金／差入保証金（投資等）……………	135
営業保証支払手形	…………………………………………………	135
衛生設備	建物付属設備（有形固定資産）……………	119
益金		20
役務完了基準	…………………………………………………	25
役務原価	…………………………………………………	31
役務提供	…………………………………………………	24
MO購入	事務用品費（[法] 販管費／[個] 経費）……	63
エレベーター	建物付属設備（有形固定資産）……………	119
延滞税	租税公課（[法] 販管費／[個] 経費）………	55
煙突	構築物（有形固定資産）……………………	120
鉛筆代	事務用品費（[法] 販管費／[個] 経費）……	63

お

オイル代	車両関係費（[法] 販管費／[個] 経費）……	51
OA機器賃借料	賃借料（[法] 販管費／[個] 経費）…………	60
OA機器保守料	修繕費（[法] 販管費／[個] 経費）…………	62
応接セット	工具器具備品（有形固定資産）……………	123
横断幕制作費	広告宣伝費（[法] 販管費／[個] 経費）……	48
オーバーホール費用	修繕費（[法] 販管費／[個] 経費）…………	62
御歳暮費用	接待交際費（[法] 販管費／[個] 経費）……	49
お茶代（社内）	福利厚生費（[法] 販管費／[個] 経費）……	43
御中元費用	接待交際費（[法] 販管費／[個] 経費）……	49
オペレーティング・リース	………………………………………………	60
織物設備	機械装置（有形固定資産）…………………	121
音響機器	工具器具備品（有形固定資産）……………	123

か

カーテン	建物付属設備（有形固定資産）	119
外貨	現金（流動資産）	92
買掛金	（流動負債）	142
買掛金債務免除	債務免除益（[法] 特別利益）	87
買掛金相殺	売掛金（流動資産）	98
海外支店財務諸表換算差益	為替差益（[法] 営業外収益）	74
海外支店財務諸表換算差損	為替差損（[法] 営業外費用）	77
会議関連費	会議費（[法] 販管費／[個] 経費）	50
会議資料代	会議費（[法] 販管費／[個] 経費）	50
会議通知費用	会議費（[法] 販管費／[個] 経費）	50
開業資金拠出	元入金（[個] 独自の勘定科目）	164
開業費	繰延資産（繰延資産）	137・138
会計ソフト		169
外国企業株券	有価証券（流動資産）	99
外国企業債券	有価証券（流動資産）	99
外国税	租税公課（[法] 販管費／[個] 経費）	55
外国通貨	現金（流動資産）	92
介護保険料	法定福利費（[法] 販管費／[個] 経費）	42
会社案内作成費	広告宣伝費（[法] 販管費／[個] 経費）	48
会社更生法による債権	貸倒損失・貸倒金（[法] 販管費／[個] 経費）	69
会社設立	資本金（[法] 資本金）	159
会社設立費用	繰延資産（繰延資産）	137
会社法による債権	貸倒損失・貸倒金（[法] 販管費／[個] 経費）	69
回収不能債権額	貸倒損失・貸倒金（[法] 販管費／[個] 経費）	69
回収不能見込額	貸倒引当金繰入 （[法] 販管費／[個] 各種引当金・準備金等）	68
回収不能見込手形	不渡手形（流動資産）	116
会場使用料（会議）	会議費（[法] 販管費／[個] 経費）	50
海上保険料	保険料（[法] 販管費／[個] 経費）	61
回数券	旅費交通費（[法] 販管費／[個] 経費）	44
解体費	修繕費（[法] 販管費／[個] 経費）	62
外注工賃	（[法] 販管費／[個] 経費）	40
外注工賃の未払い	未払金（流動負債）	144
外注費前払	前渡金／前払金（流動資産）	107
外注費用	雑給／外注工賃（[法] 販管費／[個] 経費）	40
開発費	（[法] 販管費／[個] 経費）	66
開発費	繰延資産（繰延資産）	137・138
解約時利息	受取利息（[法] 営業外収益）	71
解約時利息	事業主借（[個] 独自の勘定科目）	158
街路灯	構築物（有形固定資産）	120
書換利息	受取利息（[法] 営業外収益）	71

書換利息	事業主借（[個] 独自の勘定科目）	158
夏期賞与	賞与（[法] 販管費／[個] 経費）	39
書留料金	通信費（[法] 販管費／[個] 経費）	45
各種手当	給料手当／賃金（[法] 販管費／[個] 経費）	38
確定債務	未払金（流動負債）	144
家具	工具器具備品（有形固定資産）	123
掛売上	売掛金（流動資産）	98
掛仕入	買掛金（流動負債）	142
加工賃収入	売上高（[法] 営業収益／[個] 売上（収入）金額）	24
加工途中の製品在庫	仕掛品（流動資産）	105
火災保険料	保険料（[法] 販管費／[個] 経費）	61
加算税	租税公課（[法] 販管費／[個] 経費）	55
貸方		18
貸倒損失・貸倒金	（[法] 販管費／[個] 経費）	69
貸倒損失・貸倒金	貸倒引当金（流動資産）	117
貸倒引当金	（流動資産）	117
貸倒引当金洗替	貸倒引当金戻入	
	（[法] 特別利益／各種引当金・準備金等）	81
貸倒引当金繰入	（[法] 販管費／[個] 各種引当金・準備金等）	68
貸倒引当金繰入	貸倒引当金（流動資産）	117
貸倒引当金戻入	貸倒引当金戻入	
	（[法] 特別利益／各種引当金・準備金等）	81
貸倒引当金戻入	貸倒引当金（流動資産）	117
貸付金回収不能見込額	貸倒引当金繰入	
	（[法] 販管費／[個] 各種引当金・準備金等）	68
貸付金利息	受取利息（[法] 営業外収益）	71
貸付金利息	事業主借（[個] 独自の勘定科目）	158
貸付信託受益証券	有価証券（流動資産）	99
貸付信託受益証券	投資有価証券（投資等）	132
貸付信託受益証券売却益	有価証券売却益（[法] 営業外収益）	73
貸付信託受益証券売却損	有価証券売却損（[法] 営業外費用）	78
菓子類製造設備	機械装置（有形固定資産）	121
家事関連費		53
家事消費	自家消費／家事消費等（[個] 売上（収入）金額）	35
家事消費	事業主貸（[個] 独自の勘定科目）	140
家事消費等	（[個] 売上（収入）金額）	35・165
家事消費分の減価償却費	事業主貸（[個] 独自の勘定科目）	140
家事消費分の地代家賃	事業主貸（[個] 独自の勘定科目）	140
ガス機器	工具器具備品（有形固定資産）	123
ガス設備	建物付属設備（有形固定資産）	119
ガス料金	水道光熱費（[法] 販管費／[個] 経費）	52
ガス料金の未払い	未払金（流動負債）	144
架設保証金の支払い	保証金／差入保証金（投資等）	135

課税仕入	仮払消費税（流動資産）………………………	115
家族手当	給料手当／賃金（[法] 販管費／[個] 経費）…	38
ガソリンスタンド設備	機械装置（有形固定資産）…………………	121
ガソリン代	旅費交通費（[法] 販管費／[個] 経費）……	44
ガソリン代	車両関係費（[法] 販管費／[個] 経費）……	51
カタログ制作費	広告宣伝費（[法] 販管費／[個] 経費）……	48
型枠	工具器具備品（有形固定資産）……………	123
花壇	構築物（有形固定資産）……………………	120
学校に寄付	寄付金（[法] 販管費／[個] 経費）…………	65
割賦売掛金	…………………………………………………	98
割賦販売	売上高（[法] 営業収益／[個] 売上（収入）金額）……	24
割賦販売未収金	売掛金（流動資産）…………………………	98
合併による取得	のれん（無形固定資産）……………………	128
合併による取得	特許権／実用新案権（無形固定資産）……	129
合併による取得	商標権／意匠権（無形固定資産）…………	130
金型	工具器具備品（有形固定資産）……………	123
過年度売上高修正益	前期損益修正益（[法] 特別利益）…………	82
過年度売上高修正損	前期損益修正損（[法]（特別損失）…………	85
過年度売上値引	前期損益修正損（[法]（特別損失）…………	85
過年度会計修正益	前期損益修正益（[法] 特別利益）…………	82
過年度会計修正損	前期損益修正損（[法]（特別損失）…………	85
過年度減価償却超過額修正益	前期損益修正益（[法] 特別利益）…………	82
過年度減価償却不足額修正損	前期損益修正損（[法]（特別損失）…………	85
過年度商品棚卸修正益	前期損益修正益（[法] 特別利益）…………	82
過年度商品棚卸修正損	前期損益修正損（[法]（特別損失）…………	85
過年度引当金修正益	前期損益修正益（[法] 特別利益）…………	82
過年度引当金修正損	前期損益修正損（[法]（特別損失）…………	85
可搬式コンベヤ	機械装置（有形固定資産）…………………	121
株式	有価証券（流動資産）………………………	99
株式交付費	繰延資産（繰延資産）………………………	137・138
株式売却益	有価証券売却益（[法] 営業外収益）………	73
株式売却損	有価証券売却損（[法] 営業外費用）………	78
株式売却損	事業主貸（[個] 独自の勘定科目）…………	140
株式配当金	受取配当金（[法] 営業外収益）……………	72
株式配当金	事業主借（[個] 独自の勘定科目）…………	158
株式発行差金	資本準備金（[法] 資本剰余金）……………	160
株主持分変動計算書	…………………………………………………	163
貨幣代用証券	…………………………………………………	92
壁塗替費用	修繕費（[法] 販管費／[個] 経費）…………	62
ガムテープ代	荷造運賃（[法] 販管費／[個] 経費）………	47
カメラ	工具器具備品（有形固定資産）……………	123
科目不明入金	仮受金（流動負債）…………………………	148
科目未確定入金	仮受金（流動負債）…………………………	148

179

貨物自動車	車両運搬具（有形固定資産）	122
ガラス代	消耗品費（[法] 販管費／[個] 経費）	54
借入金利息の支払い	支払利息／利子割引料	
	（[法] 営業外費用／[個] 経費）	76
仮受金	（流動負債）	148
借受契約保証金の支払い	保証金／差入保証金（投資等）	135
仮受消費税	仮受消費税（流動負債）	151
借方		18
仮払金精算	仮払金（流動資産）	114
仮払金の支払い	仮払金（流動資産）	114
仮払交通費	仮払金（流動資産）	114
仮払出張費	旅費交通費（[法] 販管費／[個] 経費）	44
仮払出張費精算	旅費交通費（[法] 販管費／[個] 経費）	44
仮払消費税	仮払消費税（流動資産）	115
仮払消費税	仮受消費税（流動負債）	151
仮払税金		150
仮払領収書	現金（流動資産）	92
科料支払い	雑損失（[法] 営業外費用）	79
過料支払い	雑損失（[法] 営業外費用）	79
カレンダー（社名入り）	広告宣伝費（[法] 販管費／[個] 経費）	48
革製品製造設備	機械装置（有形固定資産）	121
為替換算差益	為替差益（[法] 営業外収益）	74
為替換算差損	為替差損（[法] 営業外費用）	77
為替決済差益	為替差益（[法] 営業外収益）	74
為替決済差損	為替差損（[法] 営業外費用）	77
為替差益	（[法] 営業外収益）	74
為替差損	（[法] 営業外費用）	77
為替手形		97
為替手形受取	受取手形（流動資産）	96
為替手形裏書	裏書手形（流動負債）	153
為替手形引受	支払手形（流動負債）	141
為替手形割引	割引手形（流動負債）	152
為替予約換算差益	為替差益（[法] 営業外収益）	74
為替予約換算差損	為替差損（[法] 営業外費用）	77
関係会社からの借入	短期借入金（流動負債）	143
関係会社からの借入	長期借入金（固定負債）	154
関係会社短期借入金		143
関係会社長期借入金		154
関係会社への立替	立替金（流動資産）	108
関係会社への長期貸付金	長期貸付金（投資等）	134
観劇招待（取引先）	接待交際費（[法] 販管費／[個] 経費）	49
官公庁支払命令書	現金（流動資産）	92
監査報酬（法定監査等）	支払手数料（[法] 販管費／[個] 経費）	58

監査役への報酬	役員報酬（[法] 販管費）……………………………	37
完成工事売上高	……………………………………………………	24
完成工事原価	……………………………………………………	31
完成工事未収入金	…………………………………………	98・111
完成済製品	製品／棚卸資産（流動資産）………………………	101
完成済部品	製品／棚卸資産（流動資産）………………………	101
完成品受入	製品／棚卸資産（流動資産）………………………	101
間接控除法	……………………………………………………	67
間接控除法減価償却	減価償却累計額（有形固定資産）…………………	126
関税	仕入高（[法] 営業費用／[個] 売上原価）……	30
鑑定費用	支払手数料（[法] 販管費／[個] 経費）………	58
看板（少額小型）	広告宣伝費（[法] 販管費／[個] 経費）………	48
看板	工具器具備品（有形固定資産）……………………	123
還付加算金受取	雑収入（[法] 営業外収益／[個] 売上（収入）金額）…	75
岸壁	構築物（有形固定資産）……………………………	120
官報購入	新聞図書費（[法] 販管費／[個] 経費）………	56
観葉植物費	雑費（[法] 販管費／[個] 経費）………………	70

き

義援金	寄付金（[法] 販管費／[個] 経費）……………	65
機械式駐車設備	機械装置（有形固定資産）…………………………	121
機械下取益	固定資産売却益（[法] 特別利益）………………	80
機械下取損	固定資産売却損（[法]（特別損失）………………	83
機械除却損	固定資産除却損（[法]（特別損失）………………	84
機械装置	（有形固定資産）……………………………………	121
機械装置減価償却	減価償却費（[法] 販管費／[個] 経費）………	67
機械賃借料	賃借料（[法] 販管費／[個] 経費）……………	60
機械売却益	固定資産売却益（[法] 特別利益）………………	80
機械売却損	固定資産売却損（[法]（特別損失）………………	83
機械売却代金の未収	未収金／未収入金（流動資産）……………………	110
帰郷旅費	旅費交通費（[法] 販管費／[個] 経費）………	44
企業会計原則	……………………………………………………	16
器具	期首棚卸高（[法] 営業費用／[個] 売上原価）…	29
器具	期末棚卸高（[法] 営業費用／[個] 売上原価）…	36
器具（未使用）	貯蔵品（流動資産）…………………………………	106
器具売却代金の未収	未収金／未収入金（流動資産）……………………	110
寄宿舎	建物（有形固定資産）………………………………	118
期首原材料棚卸高	……………………………………………………	29
期首仕掛品	……………………………………………………	105
期首商品棚卸高	期首棚卸高（[法] 営業費用／[個] 売上原価）…	29
期首製品棚卸高	期首棚卸高（[法] 営業費用／[個] 売上原価）…	29
期日取立入金	当座預金（流動資産）………………………………	95
傷物商品値引購入	仕入値引高（[法] 営業費用／[個] 売上原価）…	32

181

傷物商品の値引	売上値引高（[法] 営業収益／[個] 売上（収入）金額）	26
切手（未使用）	貯蔵品（流動資産）………………………………	106
切手代	通信費（[法] 販管費／[個] 経費）……………	45
記念式典諸費用	接待交際費（[法] 販管費／[個] 経費）………	49
寄付金	（[法] 販管費／[個] 経費）……………………	65
ギフト券販売	前受金（流動負債）………………………………	146
期末原材料棚卸高	…………………………………………………………	36
期末債権回収不能見込額	貸倒引当金繰入	
	（[法] 販管費／[個] 各種引当金・準備金等）………	68
期末仕掛品	…………………………………………………………	105
期末商品棚卸高	期末棚卸高（[法] 営業費用／[個] 売上原価）……	36
期末製品棚卸高	期末棚卸高（[法] 営業費用／[個] 売上原価）……	36
キャビネット	工具器具備品（有形固定資産）………………	123
キャビネット代	消耗品費（[法] 販管費／[個] 経費）…………	54
キャンペーン費用	広告宣伝費（[法] 販管費／[個] 経費）………	48
求人広告費用	広告宣伝費（[法] 販管費／[個] 経費）………	48
給排水設備	建物付属設備（有形固定資産）………………	119
給付金立替	立替金（流動資産）………………………………	108
給与	給料手当／賃金（[法] 販管費／[個] 経費）…………	38
給料	給料手当／賃金（[法] 販管費／[個] 経費）…………	38
給料の仮払い	仮払金（流動資産）………………………………	114
給料袋代	事務用品費（[法] 販管費／[個] 経費）………	63
給料未払い	未払費用（流動負債：経過勘定）………………	145
教育訓練費	福利厚生費（[法] 販管費／[個] 経費）………	43
教育訓練費	教育研修費（[法] 販管費／[個] 経費）………	64
教会への祭礼寄付	寄付金（[法] 販管費／[個] 経費）……………	65
共済制度掛金	福利厚生費（[法] 販管費／[個] 経費）………	43
協賛金	諸会費（[法] 販管費／[個] 経費）……………	59
協同組合会費	諸会費（[法] 販管費／[個] 経費）……………	59
協同組合出資金	出資金（投資等）…………………………………	133
共同的施設負担金	繰延資産（繰延資産）……………………………	137
共同募金	寄付金（[法] 販管費／[個] 経費）……………	65
協力会会費	諸会費（[法] 販管費／[個] 経費）……………	59
金庫	工具器具備品（有形固定資産）………………	123
銀行からの借入	短期借入金（流動負債）…………………………	143
銀行からの借入	長期借入金（固定負債）…………………………	154
金庫株	…………………………………………………………	160
金銭債権全額回収不能	貸倒損失・貸倒金（[法] 販管費／[個] 経費）…	69
金属加工設備	機械装置（有形固定資産）………………………	121
勤続者表彰記念品代	福利厚生費（[法] 販管費／[個] 経費）………	43
金融機関の更生手続特例による債権	貸倒損失・貸倒金（[法] 販管費／[個] 経費）…	69
金融債利息	受取利息（[法] 営業外収益）…………………	71
金融債利息	事業主借（[個] 独自の勘定科目）……………	158

金融手形受取	受取手形（流動資産）	96
金融手形振出	支払手形（流動負債）	141

く

空港使用料	旅費交通費（［法］販管費／［個］経費）	44
偶発債務		116・152・153
区分損益計算書		20
組合費	諸会費（［法］販管費／［個］経費）	59
クラブ会費	諸会費（［法］販管費／［個］経費）	59
クリーニング設備	機械装置（有形固定資産）	121
クリーニング代	福利厚生費（［法］販管費／［個］経費）	43
クリーニング代	雑費（［法］販管費／［個］経費）	70
繰延資産（繰延資産）		137・138
クレーン	機械装置（有形固定資産）	121

け

経営コンサルタント報酬	支払手数料（［法］販管費／［個］経費）	58
経過勘定		111・112・113・136・145・147
蛍光灯代	消耗品費（［法］販管費／［個］経費）	54
計算機修理代	修繕費（［法］販管費／［個］経費）	62
軽自動車	車両運搬具（有形固定資産）	122
携帯電話通話料	通信費（［法］販管費／［個］経費）	45
慶弔見舞金	福利厚生費（［法］販管費／［個］経費）	43
経費未払い	未払金（流動負債）	144
景品付販売費用	販売促進費（［法］販管費／［個］経費）	46
警備費用	雑費（［法］販管費／［個］経費）	70
契約社員給与	雑給／外注工賃（［法］販管費／［個］経費）	40
契約取消による返品	売上戻り高［法］営業収益／［個］売上（収入）金額	27
契約取消による返品払出	仕入戻し高［法］営業費用／［個］売上原価	33
契約変更による返品	売上戻り高［法］営業収益／［個］売上（収入）金額	27
契約変更による返品払出	仕入戻し高［法］営業費用／［個］売上原価	33
軽油代（車両）	車両関係費（［法］販管費／［個］経費）	51
軽油代（冷暖房用）	水道光熱費（［法］販管費／［個］経費）	52
下水道料金	水道光熱費（［法］販管費／［個］経費）	52
結婚祝い（社内）	福利厚生費（［法］販管費／［個］経費）	43
結婚祝い（取引先）	接待交際費（［法］販管費／［個］経費）	49
決算賞与	賞与（［法］販管費／［個］経費）	39
決算時洗替	貸倒引当金戻入	
	（［法］特別利益／各種引当金・準備金等）	81
欠損金補填	資本金（［法］資本金）	159
欠損金補填	資本準備金（［法］資本剰余金）	160
欠損補填	利益準備金（［法］利益剰余金）	161
欠損補填	任意積立金（別途積立金）（［法］利益剰余金）	162

欠損填補積立金		162
減価償却資産		127
減価償却超過額修正	減価償却費（[法] 販管費／[個] 経費）	67
減価償却費	（[法] 販管費／[個] 経費）	67・127
減価償却不足額修正	減価償却費（[法] 販管費／[個] 経費）	67
減価償却累計額	減価償却累計額（有形固定資産）	126
原価法		36・100・101・102
研究開発費	（[法] 販管費／[個] 経費）	66
研究機関に寄付	寄付金（[法] 販管費／[個] 経費）	65
研究費		138
研究用資料購入	研究開発費（[法] 販管費／[個] 経費）	66
研究用設備購入	研究開発費（[法] 販管費／[個] 経費）	66
研究用動物購入	研究開発費（[法] 販管費／[個] 経費）	66
現金	（流動資産）	92
現金過不足		75・79・92
現金主義会計		21
現金超過	雑収入（[法] 営業外収益／[個] 売上（収入）金額）	75
現金不足	雑損失（[法] 営業外費用）	79
現金補充	事業主借（[個] 独自の勘定科目）	158
健康診断費用	福利厚生費（[法] 販管費／[個] 経費）	43
健康保険料（事業主負担分）	法定福利費（[法] 販管費／[個] 経費）	42
原材料	期首棚卸高（[法] 営業費用／[個] 売上原価）	29
原材料	期末棚卸高（[法] 営業費用／[個] 売上原価）	36
原材料	（流動資産）	104
原材料仕入高		30・104
検査機器	工具器具備品（有形固定資産）	123
研削盤	機械装置（有形固定資産）	121
減算項目		20
減資	資本金（[法] 資本金）	159
研修会参加日当	教育研修費（[法] 販管費／[個] 経費）	64
研修会参加料金	教育研修費（[法] 販管費／[個] 経費）	64
研修会参加旅費	教育研修費（[法] 販管費／[個] 経費）	64
研修会場使用料金	教育研修費（[法] 販管費／[個] 経費）	64
検収基準		25・31
研修所	建物（有形固定資産）	118
研修費	福利厚生費（[法] 販管費／[個] 経費）	43
研修費	教育研修費（[法] 販管費／[個] 経費）	64
現状回復費用	修繕費（[法] 販管費／[個] 経費）	62
建設仮勘定	（有形固定資産）	107・125
建設仮勘定振替	建物（有形固定資産）	118
建設工業設備	機械装置（有形固定資産）	121
建設工事	売上高（[法] 営業収益／[個] 売上（収入）金額）	24
建設資材購入費	建設仮勘定（有形固定資産）	125

建設前渡金		107
源泉税	租税公課（[法] 販管費／[個] 経費）	55
源泉税控除	預り金（流動負債）	149
現像代	雑費（[法] 販管費／[個] 経費）	70
建築手付金	建設仮勘定（有形固定資産）	125
現物給与	給料手当／賃金（[法] 販管費／[個] 経費）	38
権利金	繰延資産（繰延資産）	137
原料	原材料（流動資産）	104

こ

後援会に寄付	寄付金（[法] 販管費／[個] 経費）	65
光学機器	工具器具備品（有形固定資産）	123
工業会会費	諸会費（[法] 販管費／[個] 経費）	59
工業所有権	商標権／意匠権（無形固定資産）	130
航空貨物運賃	荷造運賃（[法] 販管費／[個] 経費）	47
航空郵便料	通信費（[法] 販管費／[個] 経費）	45
航空料金（出張）	旅費交通費（[法] 販管費／[個] 経費）	44
工具	期首棚卸高（[法] 営業費用／[個] 売上原価）	29
工具	期末棚卸高（[法] 営業費用／[個] 売上原価）	36
工具（未使用）	貯蔵品（流動資産）	106
工具器具備品	（有形固定資産）	123
工具器具備品（未使用）	貯蔵品（流動資産）	106
工具器具備品減価償却	減価償却費（[法] 販管費／[個] 経費）	67
工具売却代金の未収	未収金／未収入金（流動資産）	110
工芸品	受贈益（[法] 特別利益）	88
広告器具	工具器具備品（有形固定資産）	123
広告宣伝費	（[法] 販管費／[個] 経費）	48
広告宣伝用ケース	受贈益（[法] 特別利益）	88
広告宣伝用資産	受贈益（[法] 特別利益）	88
広告宣伝用資産贈与	繰延資産（繰延資産）	137
広告宣伝用冷蔵庫	受贈益（[法] 特別利益）	88
広告塔	構築物（有形固定資産）	120
広告用看板	構築物（有形固定資産）	120
広告用写真代	広告宣伝費（[法] 販管費／[個] 経費）	48
公債	有価証券（流動資産）	99
公債売却益	有価証券売却益（[法] 営業外収益）	73
公債売却損	有価証券売却損（[法] 営業外費用）	78
交際費		49
交際費精算	仮払金（流動資産）	114
交際費の仮払い	仮払金（流動資産）	114
工作機械賃借料	賃借料（[法] 販管費／[個] 経費）	60
口座預入	預金／普通預金（流動資産）	94
口座預入	当座預金（流動資産）	95

口座自動引落し	預金／普通預金（流動資産）	94
口座自動引落し	当座預金（流動資産）	95
合資会社出資金	出資金（投資等）	133
講師謝礼	教育研修費［法］販管費／［個］経費	64
公社債投信受益証券売却益	有価証券売却益［法］営業外収益	73
公社債投信受益証券売却損	有価証券売却損［法］営業外費用	78
公社債利札	現金（流動資産）	92
講習会参加日当	教育研修費［法］販管費／［個］経費	64
講習会参加料金	教育研修費［法］販管費／［個］経費	64
講習会参加旅費	教育研修費［法］販管費／［個］経費	64
講習会場使用料金	教育研修費［法］販管費／［個］経費	64
公衆電話代	通信費［法］販管費／［個］経費	45
公衆電話取扱手数料	雑収入［法］営業外収益／［個］売上（収入）金額	75
工事完成基準／工事進行基準		25
工場	建物（有形固定資産）	118
工場敷地	土地（有形固定資産）	124
工場消耗品	原材料（流動資産）	104
控除対象外消費税額	仮払消費税（流動資産）	115
更生開始企業の債権	貸倒損失・貸倒金［法］販管費／［個］経費	69
厚生年金保険料（事業主負担分）	法定福利費［法］販管費／［個］経費	42
高速道路料金	旅費交通費［法］販管費／［個］経費	44
構築物	（有形固定資産）	120
構築物減価償却	減価償却費［法］販管費／［個］経費	67
構築物除却損	固定資産除却損［法］（特別損失）	84
構築物売却益	固定資産売却益［法］特別利益	80
構築物売却代金の未収	未収金／未収入金（流動資産）	110
交通傷害保険料	保険料［法］販管費／［個］経費	61
工程上の製品在庫	仕掛品（流動資産）	105
香典（社内）	福利厚生費［法］販管費／［個］経費	43
香典（得意先）	接待交際費［法］販管費／［個］経費	49
購入手数料	仕入高［法］営業費用／［個］売上原価	30
購入手数料	車両運搬具（有形固定資産）	122
公認会計士報酬	支払手数料［法］販管費／［個］経費	58
光熱費		52
合名会社出資金	出資金（投資等）	133
コーヒー代（会議）	会議費［法］販管費／［個］経費	50
コーヒー代（社内）	福利厚生費［法］販管費／［個］経費	43
コーヒー代	消耗品費［法］販管費／［個］経費	54
子会社貸付金	短期貸付金（流動資産）	109
子会社短期貸付金		109
子会社への立替	立替金（流動資産）	108
小型自動車	車両運搬具（有形固定資産）	122
小切手（他人振出）	現金（流動資産）	92

小切手帳代	事務用品費（［法］販管費／［個］経費）	63
小切手振込入金	当座預金（流動資産）	95
国際宅配便（書類）	通信費（［法］販管費／［個］経費）	45
国債	有価証券（流動資産）	99
国債売却益	有価証券売却益（［法］営業外収益）	73
国債売却損	有価証券売却損（［法］営業外費用）	78
国債利息	受取利息（［法］営業外収益）	71
国債利息	事業主借（［個］独自の勘定科目）	158
小口現金		93
個人からの借入	短期借入金（流動負債）	143
個人からの借入	長期借入金（固定負債）	154
個人資金拠出	事業主借（［個］独自の勘定科目）	158
個人所得税	事業主貸（［個］独自の勘定科目）	140
個人事業資金	元入金（［個］独自の勘定科目）	164
個人事業独自の勘定科目		165
個人住民税	事業主貸（［個］独自の勘定科目）	140
個人負担金立替	立替金（流動資産）	108
骨董品	工具器具備品（有形固定資産）	123
小包料金（商品発送）	荷造運賃（［法］販管費／［個］経費）	47
小包料金（書類）	通信費（［法］販管費／［個］経費）	45
固定資産		127
固定資産建設費	建設仮勘定（有形固定資産）	125
固定資産減価償却	減価償却費（［法］販管費／［個］経費）	67
固定資産減価償却	減価償却累計額（有形固定資産）	126
固定資産購入代金の未払い	未払金（流動負債）	144
固定資産除却損	雑損失（［法］営業外費用）	79
固定資産除却損	（［法］（特別損失））	84
固定資産制作費	建設仮勘定（有形固定資産）	125
固定資産製造経費	建設仮勘定（有形固定資産）	125
固定資産設計料	建設仮勘定（有形固定資産）	125
固定資産税	租税公課（［法］販管費／［個］経費）	55
固定資産廃棄損	雑損失（［法］営業外費用）	79
固定資産売却益	固定資産売却益（［法］特別利益）	80
固定資産売却損	（［法］（特別損失））	83
固定資産売却代金の未収	未収金／未収入金（流動資産）	110
固定資産前払金	建設仮勘定（有形固定資産）	125
固定資産前渡金	建設仮勘定（有形固定資産）	125
固定資産労務費	建設仮勘定（有形固定資産）	125
コピー機	工具器具備品（有形固定資産）	123
コピー機賃借料	賃借料（［法］販管費／［個］経費）	60
コピー用紙代	事務用品費（［法］販管費／［個］経費）	63
個別原価計算		31
個別法		103

ゴミ袋代	雑費（［法］販管費／［個］経費）	70
ゴム印代	事務用品費（［法］販管費／［個］経費）	63
顧問への報酬	役員報酬（［法］販管費）	37
顧問料		58
雇用保険料（事業主負担分）	法定福利費（［法］販管費／［個］経費）	42
娯楽器具	工具器具備品（有形固定資産）	123
ゴルフ会員権名義書換料	接待交際費（［法］販管費／［個］経費）	49
ゴルフクラブ会員権譲渡益	固定資産売却益（［法］特別利益）	80
ゴルフクラブ入会金	出資金（投資等）	133
ゴルフクラブ年会費	接待交際費（［法］販管費／［個］経費）	49
ゴルフプレー費用（接待）	接待交際費（［法］販管費／［個］経費）	49
コンテナ代	荷造運賃（［法］販管費／［個］経費）	47
こんにゃく設備	機械装置（有形固定資産）	121
コンパニオン費用	販売促進費（［法］販管費／［個］経費）	46
コンピュータ記録媒体	事務用品費（［法］販管費／［個］経費）	63
コンピュータ賃借料	賃借料（［法］販管費／［個］経費）	60
コンピュータ用紙代	事務用品費（［法］販管費／［個］経費）	63
コンプレッサー	機械装置（有形固定資産）	121
コンベア	機械装置（有形固定資産）	121
梱包材代金	荷造運賃（［法］販管費／［個］経費）	47
梱包材料（未使用）	貯蔵品（流動資産）	106
梱包費用	荷造運賃（［法］販管費／［個］経費）	47

さ

サークル活動補助金	福利厚生費（［法］販管費／［個］経費）	43
サービス提供の取消	売上戻り高（［法］営業収益／［個］売上（収入）金額）	27
サービス料収入	売上高（［法］営業収益／［個］売上（収入）金額）	24
在外支店財務諸表換算差益	為替差益（［法］営業外収益）	74
在外支店財務諸表換算差損	為替差損（［法］営業外費用）	77
債権回収不能	貸倒引当金（流動資産）	117
債権回収不能見込額	貸倒引当金繰入	
	（［法］販管費／［個］各種引当金・準備金等）	68
債権切捨て	貸倒損失・貸倒金（［法］販管費／［個］経費）	69
債権者債務免除	債務免除益（［法］特別利益）	87
債権償却特別勘定	貸倒引当金（流動資産）	117
債権譲渡証書	売掛金（流動資産）	98
債権放棄	貸倒損失・貸倒金（［法］販管費／［個］経費）	69
最終金額未定入金	仮受金（流動負債）	148
最終仕入原価法		36・100・103
財務諸表等規則		16
債務免除益	（［法］特別利益）	87
債務履行保証金の支払い	保証金／差入保証金（投資等）	135
採用関係経費	雑費（［法］販管費／［個］経費）	70

材料	原材料（流動資産）………………………	104
材料費前払	前渡金／前払金（流動資産）……………	107
差額補充法	……………………………………………	81
先入先出法	……………………………………………	103
先日付小切手受取	受取手形（流動資産）……………………	96
先日付小切手回収不能見込額	貸倒引当金繰	
	（［法］販管費／［個］各種引当金・準備金等）………	68
作業くず	期首棚卸高（［法］営業費用／［個］売上原価）……	29
作業くず	期末棚卸高（［法］営業費用／［個］売上原価）……	36
作業くず	製品／棚卸資産（流動資産）……………	101
作業くず売却収入	雑収入（［法］営業外収益／［個］売上（収入）金額）…	75
作業くず売却代金の未収	未収金／未収入金（流動資産）…………	110
作業用機械	機械装置（有形固定資産）………………	121
作業用手袋購入	消耗品費（［法］販管費／［個］経費）…………	54
差入保証金の支払い	保証金／差入保証金（投資等）…………	135
雑給	（［法］販管費／［個］経費）…………………	40
雑誌広告掲載料	広告宣伝費（［法］販管費／［個］経費）………	48
雑誌購入	新聞図書費（［法］販管費／［個］経費）………	56
雑収入	（［法］営業外収益／［個］売上（収入）金額）……	75
雑損失	（［法］営業外費用）………………………	79
雑費	（［法］販管費／［個］経費）…………………	70
残業手当	給料手当／賃金（［法］販管費／［個］経費）……	38
三輪自動車	車両運搬具（有形固定資産）……………	122

し

CD-R代	事務用品費（［法］販管費／［個］経費）………	63
シール代（店名入り）	広告宣伝費（［法］販管費／［個］経費）………	48
仕入計上基準	……………………………………………	31
仕入原価	……………………………………………	31
仕入商品	商品／棚卸資産（流動資産）……………	100
仕入商品を返品	仕入戻し高（［法］営業費用／［個］売上原価）…	33
仕入諸掛	…………………………………………	30・47・104
仕入代金未払	買掛金（流動負債）………………………	142
仕入高	（［法］営業費用／［個］売上原価）……………	30
仕入値引	買掛金（流動負債）………………………	142
仕入値引高	（［法］営業費用／［個］売上原価）……………	32
仕入戻し	買掛金（流動負債）………………………	142
仕入戻し高	（［法］営業費用／［個］売上原価）……………	33
仕入割引	……………………………………………	34
仕入割戻し高	（［法］営業費用／［個］売上原価）……………	34
寺院への祭礼寄付	寄付金（［法］販管費／［個］経費）……………	65
資格取得費用	福利厚生費（［法］販管費／［個］経費）………	43
仕掛品	期首棚卸高（［法］営業費用／［個］売上原価）…	29

189

仕掛品	期末棚卸高（[法] 営業費用／[個] 売上原価）	36
仕掛品	（流動資産）	105
自家消費	（[個] 売上（収入）金額）	35・165
時間外手当	給料手当／賃金（[法] 販管費／[個] 経費）	38
時間基準		25
敷金預り	預り保証金／長期預り金（固定負債）	155
敷金支払い	保証金／差入保証金（投資等）	135
事業会計		13・14
事業開始資金	元入金（[個] 独自の勘定科目）	164
事業収入		24
事業所税	租税公課（[法] 販管費／[個] 経費）	55
事業所	建物（有形固定資産）	118
事業税	租税公課（[法] 販管費／[個] 経費）	55
事業税	法人税、住民税及び事業税／法人税等	86
事業税未納税額	未払法人税等（流動負債）	150
事業主貸	（[個] 独自の勘定科目）	140・165
事業主借	（[個] 独自の勘定科目）	158・165
事業主の立替払	事業主貸（[個] 独自の勘定科目）	140
試供品	商品／棚卸資産（流動資産）	100
試供品提供	広告宣伝費（[法] 販管費／[個] 経費）	48
事業用資産自家消費	自家消費／家事消費等（[個] 売上（収入）金額）	35
試験機器	工具器具備品（有形固定資産）	123
試験研究費	繰延資産（繰延資産）	137
試験研究費		66・138
試験研究費用	研究開発費（[法] 販管費／[個] 経費）	66
資産		17
資産賃借権	繰延資産（繰延資産）	137
資材置場	土地（有形固定資産）	124
自社製品	製品／棚卸資産（流動資産）	101
自社ビル	建物（有形固定資産）	118
自社ビル敷地	土地（有形固定資産）	124
市場開拓費用	研究開発費（[法] 販管費／[個] 経費）	66
市場開発	繰延資産（繰延資産）	137
市場開発費用	研究開発費（[法] 販管費／[個] 経費）	66
市場調査委託料	支払手数料（[法] 販管費／[個] 経費）	58
市場調査費用	研究開発費（[法] 販管費／[個] 経費）	66
仕損じ品	期首棚卸高（[法] 営業費用／[個] 売上原価）	29
仕損じ品	期末棚卸高（[法] 営業費用／[個] 売上原価）	36
自治会費	諸会費（[法] 販管費／[個] 経費）	59
市町村民税未納税額	未払法人税等（流動負債）	150
地鎮祭費用	建設仮勘定（有形固定資産）	125
実験用薬品購入	研究開発費（[法] 販管費／[個] 経費）	66
室内装飾品	工具器具備品（有形固定資産）	123

実用新案権	（無形固定資産）………………………	129・131
実用新案権購入	実用新案権（無形固定資産）……………	129
実用新案登録費用	実用新案権（無形固定資産）……………	129
指定寄付金	寄付金〔法〕販管費／〔個〕経費）………	65
自転車	車両運搬具（有形固定資産）……………	122
自転車購入	消耗品費〔法〕販管費／〔個〕経費）……	54
自動車	車両運搬具（有形固定資産）……………	122
自動車（社名・商品名入り）	受贈益〔法〕特別利益）…………………	88
自動車購入諸費用	車両関係費〔法〕販管費／〔個〕経費）…	51
自動車下取損	固定資産売却損〔法〕特別損失）………	83
自動車除却損	固定資産除却損〔法〕特別損失）………	84
自動車税	租税公課〔法〕販管費／〔個〕経費）……	55
自動車任意保険料	保険料〔法〕販管費／〔個〕経費）………	61
自動車売却益	固定資産売却益〔法〕特別利益）………	80
自動車売却代金の未収	未収金／未収入金（流動資産）…………	110
自動車分解整備設備	機械装置（有形固定資産）………………	121
児童手当拠出金	法定福利費〔法〕販管費／〔個〕経費）…	42
自動ドア	建物付属設備（有形固定資産）…………	119
自動販売機	工具器具備品（有形固定資産）…………	123
自動販売機設置提供料	雑収入〔法〕営業外収益／〔個〕売上（収入）金額）…	75
品違い売上による返品	売上戻り高〔法〕営業収益／〔個〕売上（収入）金額）…	27
品違いによる値引	売上値引高〔法〕営業収益／〔個〕売上（収入）金額）…	26
品違いによる値引を受けた	仕入値引高〔法〕営業費用／〔個〕売上原価）…	32
品違い返品払出	仕入戻し高〔法〕営業費用／〔個〕売上原価）…	33
自賠責保険料	保険料〔法〕販管費／〔個〕経費）………	61
支払通知書	現金（流動資産）…………………………	92
支払手形	（流動負債）………………………………	141
支払手数料	（〔法〕販管費／〔個〕経費）……………	58
支払保険料	…………………………………………………	61
支払利息	（〔法〕営業外費用／〔個〕経費）………	76
支払利息未払い	未払費用（流動負債：経過勘定）………	145
支払割引料	…………………………………………………	76
司法書士報酬	支払手数料〔法〕販管費／〔個〕経費）…	58
資本	…………………………………………………	17
資本金	（〔法〕資本金）……………………………	159
資本金組入	資本準備金〔法〕資本剰余金）…………	160
資本金組入	利益準備金〔法〕利益剰余金）…………	161
資本準備金	（〔法〕資本剰余金）………………………	160
資本剰余金	…………………………………………………	160
資本的支出	…………………………………………………	62
事務機器	工具器具備品（有形固定資産）…………	123
事務所敷地	土地（有形固定資産）……………………	124
事務所引っ越し費用	雑費〔法〕販管費／〔個〕経費）…………	70

191

事務所家賃	地代家賃（[法] 販管費／[個] 経費）…………………	57
事務所用建物	建物（有形固定資産）………………………………	118
事務取扱い手数料の支払い	支払手数料（[法] 販管費／[個] 経費）………………	58
事務用机購入	消耗品費（[法] 販管費／[個] 経費）…………………	54
事務用品	期首棚卸高（[法] 営業費用／[個] 売上原価）………	29
事務用品	期末棚卸高（[法] 営業費用／[個] 売上原価）………	36
事務用品（未使用）	貯蔵品（流動資産）…………………………………	106
事務用品購入	消耗品費（[法] 販管費／[個] 経費）…………………	54
事務用品購入	事務用品費（[法] 販管費／[個] 経費）………………	63
事務用品費	（[法] 販管費／[個] 経費）…………………………	63
事務用品費未払い	未払金（流動負債）…………………………………	144
地盛費用	修繕費（[法] 販管費／[個] 経費）……………………	62
地盛費用	土地（有形固定資産）………………………………	124
社員寮諸費用	福利厚生費（[法] 販管費／[個] 経費）………………	43
社員旅行費用	福利厚生費（[法] 販管費／[個] 経費）………………	43
社会事業団体に寄付	寄付金（[法] 販管費／[個] 経費）……………………	65
社会保険料（事業主負担分）	法定福利費（[法] 販管費／[個] 経費）………………	42
社会保険料（事業主負担分）	福利厚生費（[法] 販管費／[個] 経費）………………	43
社会保険料預り金	………………………………………………………	149
社会保険料控除	預り金（流動負債）…………………………………	149
社会保険労務士報酬	支払手数料（[法] 販管費／[個] 経費）………………	58
借室権利金の支払い	保証金／差入保証金（投資等）……………………	135
借室料	地代家賃（[法] 販管費／[個] 経費）…………………	57
借地権	………………………………………………………	131
借地料	地代家賃（[法] 販管費／[個] 経費）…………………	57
借家権利金の支払い	保証金／差入保証金（投資等）……………………	135
車検費用	車両関係費（[法] 販管費／[個] 経費）………………	51
車検費用	修繕費（[法] 販管費／[個] 経費）……………………	62
車庫	建物（有形固定資産）………………………………	118
車庫証明費用	車両関係費（[法] 販管費／[個] 経費）………………	51
車庫代	地代家賃（[法] 販管費／[個] 経費）…………………	57
社債	有価証券（流動資産）………………………………	99
社債売却益	有価証券売却益（[法] 営業外収益）………………	73
社債売却損	有価証券売却損（[法] 営業外費用）………………	78
社債利息	受取利息（[法] 営業外収益）………………………	71
社債発行費	繰延資産（繰延資産）…………………………137・138	
社債利息	事業主借（[個] 独自の勘定科目）…………………	158
写真現像焼付設備	機械装置（有形固定資産）…………………………	121
社宅	建物（有形固定資産）………………………………	118
社宅敷地	土地（有形固定資産）………………………………	124
社宅諸費用	福利厚生費（[法] 販管費／[個] 経費）………………	43
社宅家賃の支払い	地代家賃（[法] 販管費／[個] 経費）…………………	57
社団法人出資金	出資金（投資等）……………………………………	133

項目	勘定科目	ページ
社内預金天引き	預り金（流動負債）	149
社内預金利息の支払い	支払利息／利子割引料 ［法］営業外費用／［個］経費	76
社内旅行積立金	預り金（流動負債）	149
社名入陳列棚贈与	繰延資産（繰延資産）	137
社有車		51
砂利採取設備	機械装置（有形固定資産）	121
車両維持費		51
車両運搬具	（有形固定資産）	122
車両関係費	（［法］販管費／［個］経費）	51
車両減価償却	減価償却費［法］販管費／［個］経費	67
車両下取益	固定資産売却益（［法］特別利益）	80
車両下取費用	車両運搬具（有形固定資産）	122
車両除却損	固定資産除却損（［法］特別損失）	84
車両燃料費		51
車両売却損	固定資産売却損（［法］特別損失）	83
車両売却代金の未収	未収金／未収入金（流動資産）	110
車両費		51
謝礼金	接待交際費［法］販管費／［個］経費	49
収益		17
収益分配金	受取配当金（［法］営業外収益）	72
収益分配金	事業主借（［個］独自の勘定科目）	158
集金に経済性のない債権	貸倒損失・貸倒金（［法］販管費／［個］経費）	69
従業員預り金		149
従業員貸付金	短期貸付金（流動資産）	109
従業員貸付金回収不能見込額	貸倒引当金繰入 （［法］販管費／［個］各種引当金・準備金等）	68
従業員給料	給料手当／賃金（［法］販管費／［個］経費）	38
従業員賞与	賞与（［法］販管費／［個］経費）	39
従業員退職金	退職金（［法］販管費／［個］経費）	41
従業員立替金		108
従業員短期貸付金		109
従業員短期借入金		143
従業員長期借入金		154
従業員への立替	立替金（流動資産）	108
従業員への長期貸付金	長期貸付金（投資等）	134
修繕費	（［法］販管費／［個］経費）	62
住宅資金融資	短期貸付金（流動資産）	109
住宅手当	給料手当／賃金（［法］販管費／［個］経費）	38
収入印紙	租税公課（［法］販管費／［個］経費）	55
収入印紙（未使用）	貯蔵品（流動資産）	106
住民税	法人税、住民税及び事業税／法人税等	86
住民税預り金		149

住民税控除	預り金（流動負債）	149
住民税納付	未払法人税等（流動負債）	150
住民税未納税額	未払法人税等（流動負債）	150
重油代（車両）	車両関係費（[法] 販管費／[個] 経費）	51
重油代（冷暖房用）	水道光熱費（[法] 販管費／[個] 経費）	52
修理費用（車両）	車両関係費（[法] 販管費／[個] 経費）	51
宿泊所用建物	建物（有形固定資産）	118
宿泊費（出張）	旅費交通費（[法] 販管費／[個] 経費）	44
受贈益	（[法] 特別利益）	88
出荷基準		25
出向者給料	給料手当／賃金（[法] 販管費／[個] 経費）	38
出産祝い（社内）	福利厚生費（[法] 販管費／[個] 経費）	43
出資金	（投資等）	133
出資証券売却益	有価証券売却益（[法] 営業外収益）	73
出資証券売却損	有価証券売却損（[法] 営業外費用）	78
出資配当金	受取配当金（[法] 営業外収益）	72
出資配当金	事業主借（[個] 独自の勘定科目）	158
出張仮払金	仮払金（流動資産）	114
出張手当	給料手当／賃金（[法] 販管費／[個] 経費）	38
出張手当	旅費交通費（[法] 販管費／[個] 経費）	44
出張日当	旅費交通費（[法] 販管費／[個] 経費）	44
出張旅費	旅費交通費（[法] 販管費／[個] 経費）	44
出張旅費精算	仮払金（流動資産）	114
出張旅費の仮払い	仮払金（流動資産）	114
出願登録費用	商標権／意匠権（無形固定資産）	130
取得原価基準		36・100・101・102
主要原材料	原材料（流動資産）	104
紹介料の支払い	販売促進費（[法] 販管費／[個] 経費）	46
消火設備	建物付属設備（有形固定資産）	119
傷害保険料	保険料（[法] 販管費／[個] 経費）	61
少額景品	販売促進費（[法] 販管費／[個] 経費）	46
少額減価償却資産		54・119
償却期間		131
償却済債権取立益	前期損益修正益（[法] 特別利益）	82
焼却炉	構築物（有形固定資産）	120
商業組合会費	諸会費（[法] 販管費／[個] 経費）	59
上下水道建設負担金	繰延資産（繰延資産）	137
証券取引法		14
商工会議所会費	諸会費（[法] 販管費／[個] 経費）	59
商工会議所出資金	出資金（投資等）	133
昇降機設備	建物付属設備（有形固定資産）	119
証書借入金	短期借入金（流動負債）	143
証書借入金	長期借入金（固定負債）	154

商店街営業補償	接待交際費（[法] 販管費／[個] 経費）…………	49
商店連合会会費	諸会費（[法] 販管費／[個] 経費）………………	59
使用人兼務役員の使用人部分の給与	給料手当／賃金（[法] 販管費／[個] 経費）……	38
使用人兼務役員の賞与（使用人部分）	賞与（[法] 販管費／[個] 経費）…………………	39
使用人兼務役員の役員報酬分	役員報酬（[法] 販管費）…………………………	37
常備医薬品等	福利厚生費（[法] 販管費／[個] 経費）…………	43
消費税申告納付	仮受消費税（流動負債）…………………………	151
商標権	（無形固定資産）…………………………………	130・131
商標権買取	商標権（無形固定資産）…………………………	130
商品	期首棚卸高（[法] 営業費用／[個] 売上原価）…	29
商品	期末棚卸高（[法] 営業費用／[個] 売上原価）…	36
商品	商品／棚卸資産（流動資産）……………………	100
商品売上原価		31
商品券による売上	立替金（流動資産）………………………………	108
商品券販売	前受金（流動負債）………………………………	146
商品購入代金未払	買掛金（流動負債）………………………………	142
商品仕入	仕入高（[法] 営業費用／[個] 売上原価）……	30
商品仕入関連費用	仕入高（[法] 営業費用／[個] 売上原価）……	30
商品自家消費	自家消費／家事消費等（[個] 売上（収入）金額）…	35
商品贈与	自家消費／家事消費等（[個] 売上（収入）金額）…	35
商品で贈答	自家消費／家事消費等（[個] 売上（収入）金額）…	35
商品手付金	前渡金／前払金（流動資産）……………………	107
商品の売上	売上高（[法] 営業収益／[個] 売上（収入）金額）…	24
商品破損による値引	売上値引高（[法] 営業収益／[個] 売上（収入）金額）	26
試用品販売	売上高（[法] 営業収益／[個] 売上（収入）金額）…	24
商法	………………………………………………………	14
情報提供料の支払い	販売促進費（[法] 販管費／[個] 経費）…………	46
照明設備	建物付属設備（有形固定資産）…………………	119
消耗工具器具備品	………………………………………………………	54
消耗工具器具備品	原材料（流動資産）………………………………	104
消耗品	期首棚卸高（[法] 営業費用／[個] 売上原価）…	29
消耗品	期末棚卸高（[法] 営業費用／[個] 売上原価）…	36
消耗品（未使用）	貯蔵品（流動資産）………………………………	106
消耗品購入	消耗品費（[法] 販管費／[個] 経費）……………	54
消耗品費	（[法] 販管費／[個] 経費）………………………	54
消耗品費未払い	未払金（流動負債）………………………………	144
賞与	賞与（[法] 販管費／[個] 経費）…………………	39
乗用車	車両運搬具（有形固定資産）……………………	122
奨励金受取	雑収入（[法] 営業外収益／[個] 売上（収入）金額）…	75
諸会費	（[法] 販管費／[個] 経費）………………………	59
諸掛	………………………………………………………	47
書画	工具器具備品（有形固定資産）…………………	123
食事支給	福利厚生費（[法] 販管費／[個] 経費）…………	43

項目	勘定科目	ページ
食事代（出張）	旅費交通費（[法] 販管費／[個] 経費）	44
食事代（接待）	接待交際費（[法] 販管費／[個] 経費）	49
嘱託社員給与	雑給／外注工賃（[法] 販管費／[個] 経費）	40
食費控除	預り金（流動負債）	149
植物	工具器具備品（有形固定資産）	123
助成金受取	雑収入（[法] 営業外収益／[個] 売上（収入）金額）	75
書籍購入	新聞図書費（[法] 販管費／[個] 経費）	56
書棚購入	消耗品費（[法] 販管費／[個] 経費）	54
所得税青色申告決算書		20
所得税預り金		149
書面による債務免除額	貸倒損失・貸倒金（[法] 販管費／[個] 経費）	69
白色申告		53
新株予約権付社債	有価証券（流動資産）	99
新株予約権付社債	投資有価証券（投資等）	132
新技術採用費用	研究開発費（[法] 販管費／[個] 経費）	66
新技術採用費用	繰延資産（繰延資産）	137
寝具	工具器具備品（有形固定資産）	123
新経営組織採用費	繰延資産（繰延資産）	137
新経営組織採用費用	研究開発費（[法] 販管費／[個] 経費）	66
神社への祭礼寄付	寄付金（[法] 販管費／[個] 経費）	65
新製品開発費	繰延資産（繰延資産）	137
新製品開発費用	研究開発費（[法] 販管費／[個] 経費）	66
新製品試作費	繰延資産（繰延資産）	137
新製品説明会議費用	会議費（[法] 販管費／[個] 経費）	50
親族（専従者）給与	専従者給与（各種引当金・準備金等）	89
身体障害者雇用納付金	法定福利費（[法] 販管費／[個] 経費）	42
新築祝い（取引先）	接待交際費（[法] 販管費／[個] 経費）	49
新年会費用	福利厚生費（[法] 販管費／[個] 経費）	43
新聞広告掲載料	広告宣伝費（[法] 販管費／[個] 経費）	48
新聞購読料	新聞図書費（[法] 販管費／[個] 経費）	56
新聞図書費	（[法] 販管費／[個] 経費）	56
親睦旅行（取引先）	接待交際費（[法] 販管費／[個] 経費）	49
信用調査費用	雑費（[法] 販管費／[個] 経費）	70

す

項目	勘定科目	ページ
水道光熱費	（[法] 販管費／[個] 経費）	52
水道料金	水道光熱費（[法] 販管費／[個] 経費）	52
水道料金未払い	未払金（流動負債）	144
据付完了基準		25
据付工事費	機械装置（有形固定資産）	121
スクラップ売却収入	雑収入（[法] 営業外収益／[個] 売上（収入）金額）	75
スリッパ代	消耗品費（[法] 販管費／[個] 経費）	54

せ

生花代	雑費（[法] 販管費／[個] 経費）	70
生活費の支払い	事業主貸（[個] 独自の勘定科目）	140
正規の簿記		53・166・169
請求書用紙代	事務用品費（[法] 販管費／[個] 経費）	63
税効果会計		86
税込処理修正	仮払消費税（流動資産）	115
税込方式		115・151
製作中機械	建設仮勘定（有形固定資産）	125
製材用設備	機械装置（有形固定資産）	121
政治団体への拠出金	寄付金（[法] 販管費／[個] 経費）	65
清掃料金	雑費（[法] 販管費／[個] 経費）	70
製造過程の在庫	仕掛品（流動資産）	105
製造原価		31
製造原価振替	製品／棚卸資産（流動資産）	101
製造工程済仕掛品	仕掛品（流動資産）	105
製造中部品	仕掛品（流動資産）	105
製造途中の製品	仕掛品（流動資産）	105
製造副産物	製品／棚卸資産（流動資産）	101
製造ライン上の製品	仕掛品（流動資産）	105
整地費用	土地（有形固定資産）	124
税抜計上消費税	仮受消費税（流動負債）	151
税抜仕入	仮払消費税（流動資産）	115
税抜方式		115・151
製版業用設備	機械装置（有形固定資産）	121
整備費用（車両）	車両関係費（[法] 販管費／[個] 経費）	51
製品	製品／棚卸資産（流動資産）	101
製品	期首棚卸高（[法] 営業費用／[個] 売上原価）	29
製品	期末棚卸高（[法] 営業費用／[個] 売上原価）	36
製品購入代金未払	買掛金（流動負債）	142
製品仕入	仕入高（[法] 営業費用／[個] 売上原価）	30
製品仕入関連費用	仕入高（[法] 営業費用／[個] 売上原価）	30
製品製造原価		31
製品製造設備	機械装置（有形固定資産）	121
製品贈与	自家消費／家事消費等（[個] 売上（収入）金額）	35
製品の売上	売上高（[法] 営業収益／[個] 売上（収入）金額）	24
制服代	福利厚生費（[法] 販管費／[個] 経費）	43
税法		14
税法上の繰延資産		138
歳暮費用	接待交際費（[法] 販管費／[個] 経費）	49
税務会計		13・14
生命保険手数料収入	雑収入（[法] 営業外収益／[個] 売上（収入）金額）	75

197

生命保険料	保険料（[法] 販管費／[個] 経費）	61
税理士決算報酬	支払手数料（[法] 販管費／[個] 経費）	58
税理士顧問料	支払手数料（[法] 販管費／[個] 経費）	58
積送品	商品／棚卸資産（流動資産）	100・103
石鹸代	福利厚生費（[法] 販管費／[個] 経費）	43
石鹸代	消耗品費（[法] 販管費／[個] 経費）	54
切削工具	工具器具備品（有形固定資産）	123
接待交際費	（[法] 販管費／[個] 経費）	49
接待費		49
接待費精算	仮払金（流動資産）	114
接待費の仮払い	仮払金（流動資産）	114
接待用送迎交通費	接待交際費（[法] 販管費／[個] 経費）	49
設備移設費用	修繕費（[法] 販管費／[個] 経費）	62
設備拡張積立金		162
設備取得前渡金	建設仮勘定（有形固定資産）	125
設備除却損	固定資産除却損（[法]（特別損失）	84
設備手形振出	支払手形（流動負債）	141
設備売却損	固定資産売却損（[法]（特別損失）	83
設備売却代金の未収	未収金／未収入金（流動資産）	110
セミナー参加料金	教育研修費（[法] 販管費／[個] 経費）	64
前期貸倒引当金戻入	貸倒引当金戻入	
	（[法] 特別利益／各種引当金・準備金等）	81
前期損益修正益	前期損益修正益（[法] 特別利益）	82
前期損益修正損	（[法]（特別損失）	85
洗剤代	消耗品費（[法] 販管費／[個] 経費）	54
洗車業用設備	機械装置（有形固定資産）	121
専従者給与	専従者給与（各種引当金・準備金等）	89・165
扇子（社名入り）	広告宣伝費（[法] 販管費／[個] 経費）	48
洗濯機	工具器具備品（有形固定資産）	123
旋盤	機械装置（有形固定資産）	121
船舶運賃（商品発送）	荷造運賃（[法] 販管費／[個] 経費）	47
餞別代（取引先）	接待交際費（[法] 販管費／[個] 経費）	49

そ

総会屋へ支払い	接待交際費（[法] 販管費／[個] 経費）	49
送金為替手形	現金（流動資産）	92
送金小切手	現金（流動資産）	92
送金手数料	支払手数料（[法] 販管費／[個] 経費）	58
創業費		138
倉庫	建物（有形固定資産）	118
倉庫賃借料	地代家賃（[法] 販管費／[個] 経費）	57
倉庫入庫済の仕掛品	仕掛品（流動資産）	105
総合原価計算		31

総合保険料	保険料（[法] 販管費／[個] 経費）	61
造作費用	建物（有形固定資産）	118
増資	資本金（[法] 資本金）	159
造成費用	土地（有形固定資産）	124
装置除却損	固定資産除却損（[法]（特別損失））	84
装置売却益	固定資産売却益（[法] 特別利益）	80
装置売却損	固定資産売却損（[法]（特別損失））	83
装置売却代金の未収	未収金／未収入金（流動資産）	110
総平均法		103
創立記念日招待費用	接待交際費（[法] 販管費／[個] 経費）	49
創立費	繰延資産（繰延資産）	137・138
贈与商品	受贈益（[法] 特別利益）	88
贈与製品	受贈益（[法] 特別利益）	88
速達料金	通信費（[法] 販管費／[個] 経費）	45
測定機器	工具器具備品（有形固定資産）	123
速度超過罰金の支払い	雑損失（[法] 営業外費用）	79
測量費	土地（有形固定資産）	124
素材	原材料（流動資産）	104
租税公課	（[法] 販管費／[個] 経費）	55
外税仕入	仮払消費税（流動資産）	115
その他繰延資産（繰延資産）		137
その他の支払手形		97・141
その他の預金		94
その他利益剰余金		162
ソフトウェア		131
ソフトウェア減価償却	減価償却費（[法] 販管費／[個] 経費）	67
ソフトウェア制作費用	研究開発費（[法] 販管費／[個] 経費）	66
損益計算書		19・20・21
損害賠償金受取	雑収入（[法] 営業外収益／[個] 売上（収入）金額）	75
損害賠償金取立不能見込額	貸倒引当金繰入	
	（[法] 販管費／[個] 各種引当金・準備金等）	68
損害賠償金の支払い	雑損失（[法] 営業外費用）	79
損害賠償責任保険料	保険料（[法] 販管費／[個] 経費）	61
損害保険料	保険料（[法] 販管費／[個] 経費）	61
損金算入		14
損金不算入		14・20
損失処理案		163

た

代金前払	前渡金／前払金（流動資産）	107
代金未収	売掛金（流動資産）	98
滞在費（出張）	旅費交通費（[法] 販管費／[個] 経費）	44
台車	車両運搬具（有形固定資産）	122

199

貸借対照表	···	19・21
台車購入	消耗品費（[法] 販管費／[個] 経費）············	54
退職給付会計	···	156・157
退職給付引当金	（固定負債）··	156
退職給付引当金繰入	退職給付引当金（固定負債）·····················	156
退職金	退職金（[法] 販管費／[個] 経費）··············	41
退職金支給取崩し	退職給付引当金（固定負債）·····················	156
退職金見積額	退職給付引当金（固定負債）·····················	156
退職年金	退職金（[法] 販管費／[個] 経費）··············	41
代物弁済	売掛金（流動資産）·································	98
代物弁済	買掛金（流動負債）·································	142
タイヤ購入	車両関係費（[法] 販管費／[個] 経費）········	51
耐用年数	···	127
代理店契約保証金預り	預り保証金／長期預り金（固定負債）·········	155
代理店契約保証金の支払い	保証金／差入保証金（投資等）··················	135
代理店手数料収入	雑収入（[法] 営業外収益／[個] 売上（収入）金額）···	75
ダイレクトメール費用	広告宣伝費（[法] 販管費／[個] 経費）········	48
タオル（社名入り）	広告宣伝費（[法] 販管費／[個] 経費）········	48
タクシー代	旅費交通費（[法] 販管費／[個] 経費）········	44
宅配便（書類）	通信費（[法] 販管費／[個] 経費）··············	45
宅配便費用（商品発送）	荷造運賃（[法] 販管費／[個] 経費）···········	47
他社製品購入費用（比較用）	研究開発費（[法] 販管費／[個] 経費）········	66
畳製造設備	機械装置（有形固定資産）························	121
立退料	土地（有形固定資産）······························	124
タックスアンサー	···	171
他積立金代用	任意積立金（別途積立金）（[法] 利益剰余金）···	162
立替金（従業員を除く）	貸倒引当金繰入	
	（[法] 販管費／[個] 各種引当金・準備金等）······	68
立替金	立替金（流動資産）·································	108
建物	（有形固定資産）····································	118
建物共済保険料	保険料（[法] 販管費／[個] 経費）··············	61
建物減価償却	減価償却費（[法] 販管費／[個] 経費）········	67
建物購入代金	建物（有形固定資産）······························	118
建物敷地	土地（有形固定資産）······························	124
建物取得時立退料	建物（有形固定資産）······························	118
建物取得費用	建物（有形固定資産）······························	118
建物除却損	固定資産除却損（[法]（特別損失））···········	84
建物仲介手数料	建物（有形固定資産）······························	118
建物賃借権利金	繰延資産（繰延資産）······························	137
建物賃借立退料	繰延資産（繰延資産）······························	137
建物手付金	建設仮勘定（有形固定資産）·····················	125
建物取壊費用	土地（有形固定資産）······························	124
建物売却益	固定資産売却益（[法] 特別利益）···············	80

建物売却損	固定資産売却損（[法]（特別損失） ……………	83
建物売却代金の未収	未収金／未収入金（流動資産）……………	110
建物付属設備	（有形固定資産）………………………………	119
建物付属設備売却代金の未収	未収金／未収入金（流動資産）……………	110
棚卸資産	（流動資産）…………………… 100・101・102	
棚卸資産自家消費	自家消費／家事消費等（[個] 売上（収入）金額）……	35
棚卸資産評価額修正益	前期損益修正益（[法] 特別利益）…………	82
棚卸資産評価額修正損	前期損益修正損（[法]（特別損失）…………	85
棚卸資産の評価方法	…………………………………………………	102
短期営業保証金預り	預り金（流動負債）……………………………	149
短期貸付金	短期貸付金（流動資産）………………………	109
短期貸付金に振替	長期貸付金（投資等）…………………………	134
短期借入金	（流動負債）……………………………………	143
短期借入金債務免除	債務免除益（[法] 特別利益）………………	87
短期借入金に振替	長期借入金（固定負債）………………………	154
短期広告料金の前払	前払費用（流動資産：経過勘定）……………	112
短期国債	有価証券（流動資産）…………………………	99
短期入札保証金預り	預り金（流動負債）……………………………	149
短期保険料の前払	前払費用（流動資産：経過勘定）……………	112
短期リース料の前払	前払費用（流動資産：経過勘定）……………	112
単純平均法	…………………………………………………	103
ダンプカー	車両運搬具（有形固定資産）…………………	122
暖房機器	工具器具備品（有形固定資産）………………	123
暖房費	水道光熱費（[法] 販管費／[個] 経費）……	52
ダンボール箱代	荷造運賃（[法] 販管費／[個] 経費）………	47
段ボール容器製造設備	機械装置（有形固定資産）……………………	121
単名手形受取	受取手形（流動資産）…………………………	96

ち

地価税	租税公課（[法] 販管費／[個] 経費）………	55
地図購入	新聞図書費（[法] 販管費／[個] 経費）……	56
地代収入	雑収入（[法] 営業外収益／[個] 売上（収入）金額）…	75
地代前受	前受収益（流動負債：経過勘定）……………	147
地代未払い	未払費用（流動負債：経過勘定）……………	145
地代家賃	（[法] 販管費／[個] 経費）…………………	57
父（専従者）給与	専従者給与（各種引当金・準備金等）………	89
知的財産	………………………………………… 129・130	
地方債	有価証券（流動資産）…………………………	99
地方債売却益	有価証券売却益（[法] 営業外収益）………	73
地方債売却損	有価証券売却損（[法] 営業外費用）………	78
茶菓子代（会議）	会議費（[法] 販管費／[個] 経費）…………	50
着払い運賃	荷造運賃（[法] 販管費／[個] 経費）………	47
仲介手数料	支払手数料（[法] 販管費／[個] 経費）……	58

仲介手数料	土地（有形固定資産）	124
中間納付額		150
中間配当額	（[法] 利益処分科目）	90
中間配当金	受取配当金（[法] 営業外収益）	72
中間配当金	事業主借（[個] 独自の勘定科目）	158
中間配当積立	利益準備金（[法] 利益剰余金）	161
中間配当積立金		162
中元費用	接待交際費（[法] 販管費／[個] 経費）	49
中国ファンド（短期）	有価証券（流動資産）	99
駐車違反の罰金支払い	雑損失（[法] 営業外費用）	79
駐車場	土地（有形固定資産）	124
駐車場賃借料	地代家賃（[法] 販管費／[個] 経費）	57
駐車場賃貸収入	雑収入（[法] 営業外収益／[個] 売上（収入）金額）	75
中小企業退職金共済		157
中小企業退職金共済掛金	福利厚生費（[法] 販管費／[個] 経費）	43
抽選付販売費用	販売促進費（[法] 販管費／[個] 経費）	46
中退共		157
厨房用品	工具器具備品（有形固定資産）	123
長期預り金	（固定負債）	155
長期営業保証金預り	預り保証金／長期預り金（固定負債）	155
長期貸付金	（投資等）	134
長期借入金	（固定負債）	154
長期借入金債務免除	債務免除益（[法] 特別利益）	87
長期広告料の先払い	長期前払費用（投資等）	136
長期住宅資金融資	長期貸付金（投資等）	134
長期滞留債権	貸倒損失・貸倒金（[法] 販管費／[個] 経費）	69
長期地代の先払い	長期前払費用（投資等）	136
長期手形貸付金	長期貸付金（投資等）	134
長期保険料の先払い	長期前払費用（投資等）	136
長期前受収益		147
長期前払費用	（投資等：経過勘定）	136
長期家賃の先払い	長期前払費用（投資等）	136
長期リース料の先払い	長期前払費用（投資等）	136
町内会会費	諸会費（[法] 販管費／[個] 経費）	59
町内会に寄付	寄付金（[法] 販管費／[個] 経費）	65
帳票（未使用）	貯蔵品（流動資産）	106
帳票用紙代	事務用品費（[法] 販管費／[個] 経費）	63
直接控除法		67・127・131
貯蔵品	（流動資産）	106
チラシ印刷折込代	広告宣伝費（[法] 販管費／[個] 経費）	48
賃金	（[法] 販管費／[個] 経費）	38
賃金の仮払い	仮払金（流動資産）	114
賃借料	（[法] 販管費／[個] 経費）	60

賃貸収入		24
賃貸収入	雑収入（[法] 営業外収益／[個] 売上（収入）金額）	75
賃貸保証金預り	預り保証金／長期預り金（固定負債）	155
賃貸家賃	地代家賃（[法] 販管費／[個] 経費）	57
賃貸料前受	前受収益（流動負債：経過勘定）	147
陳列棚（社名・商品名入り）	受贈益（[法] 特別利益）	88
陳列棚	工具器具備品（有形固定資産）	123

つ

通貨	現金（流動資産）	92
通貨代用証券	現金（流動資産）	92
通勤手当	給料手当／賃金（[法] 販管費／[個] 経費）	38
通勤手当	旅費交通費（[法] 販管費／[個] 経費）	44
通行料金	旅費交通費（[法] 販管費／[個] 経費）	44
通行料金	車両関係費（[法] 販管費／[個] 経費）	51
通信機器	工具器具備品（有形固定資産）	123
通信費	（[法] 販管費／[個] 経費）	45
通信料金	通信費（[法] 販管費／[個] 経費）	45
通常会費	諸会費（[法] 販管費／[個] 経費）	59
通知預金解約預入	預金／普通預金（流動資産）	94
通知預金解約預入	当座預金（流動資産）	95
通知預金利息	受取利息（[法] 営業外収益）	71
通知預金利息	事業主借（[個] 独自の勘定科目）	158
通風設備	建物付属設備（有形固定資産）	119
通話料金	通信費（[法] 販管費／[個] 経費）	45
月極駐車場料金	地代家賃（[法] 販管費／[個] 経費）	57
月割償却額	減価償却費（[法] 販管費／[個] 経費）	67
妻（専従者）給与	専従者給与（各種引当金・準備金等）	89

て

手当	給料手当／賃金（[法] 販管費／[個] 経費）	38
提案賞金	雑費（[法] 販管費／[個] 経費）	70
庭園	構築物（有形固定資産）	120
低価法（低価基準）		36・100・101・102
定額資金前渡制度		93
定額法		127・131
定期刊行物購読料	新聞図書費（[法] 販管費／[個] 経費）	56
定期券代	旅費交通費（[法] 販管費／[個] 経費）	44
定期積金償還差額	受取利息（[法] 営業外収益）	71
定期積金償還差額	事業主借（[個] 独自の勘定科目）	158
定期点検	修繕費（[法] 販管費／[個] 経費）	62
定期点検費用（車両）	車両関係費（[法] 販管費／[個] 経費）	51
定期保険料	保険料（[法] 販管費／[個] 経費）	61

定期預金解約預入	預金／普通預金（流動資産）	94
定期預金解約預入	当座預金（流動資産）	95
定期預金利息	受取利息（[法] 営業外収益）	71
定期預金利息	事業主借（[個] 独自の勘定科目）	158
ディスカウント購入	仕入値引高（[法] 営業費用／[個] 売上原価）	32
ディスカウント販売	売上値引高（[法] 営業収益／[個] 売上（収入）金額）	26
DVD-R代	事務用品費（[法] 販管費／[個] 経費）	63
定率法		127
定例会費	諸会費（[法] 販管費／[個] 経費）	59
低廉譲渡	寄付金（[法] 販管費／[個] 経費）	65
テープ代（荷造以外）	消耗品費（[法] 販管費／[個] 経費）	54
テープ代（荷造用）	荷造運賃（[法] 販管費／[個] 経費）	47
手形裏書譲渡	裏書手形（流動負債）	153
手形回収不能見込額	貸倒引当金繰入	
	（[法] 販管費／[個] 各種引当金・準備金等）	68
手形書換	受取手形（流動資産）	96
手形書換利息の支払い	支払利息／利子割引料	
	（[法] 営業外費用／[個] 経費）	76
手形貸付金	短期貸付金（流動資産）	109
手形借入金	支払手形（流動負債）	141
手形借入金	短期借入金（流動負債）	143
手形借入金	長期借入金（固定負債）	154
手形期日取立	受取手形（流動資産）	96
手形更改	受取手形（流動資産）	96
手形債権貸倒れ	貸倒損失・貸倒金（[法] 販管費／[個] 経費）	69
手形ジャンプ	受取手形（流動資産）	96
手形帳代	事務用品費（[法] 販管費／[個] 経費）	63
手形取立手数料の支払い	支払利息／利子割引料	
	（[法] 営業外費用／[個] 経費）	76
手形取引		97
手形割引	割引手形（流動負債）	152
手形割引料受取	受取利息（[法] 営業外収益）	71
手形割引料受取	事業主借（[個] 独自の勘定科目）	158
手形割引料の支払い	手形売却損／利子割引料	
	（[法] 営業外費用／[個] 経費）	76
適格退職年金	退職金（[法] 販管費／[個] 経費）	41
手帳（社名入り）	広告宣伝費（[法] 販管費／[個] 経費）	48
手付金	前渡金／前払金（流動資産）	107
手付金	前受金（流動負債）	146
鉄塔	構築物（有形固定資産）	120
手ぬぐい（社名入り）	広告宣伝費（[法] 販管費／[個] 経費）	48
テレビ	工具器具備品（有形固定資産）	123
テレビ広告放送料	広告宣伝費（[法] 販管費／[個] 経費）	48

テレビ受信料	雑費〔[法] 販管費／[個] 経費〕	70
テレホンカード購入	通信費〔[法] 販管費／[個] 経費〕	45
電気機器	工具器具備品（有形固定資産）	123
電気設備	建物付属設備（有形固定資産）	119
電気通信施設利用権		131
電球代	消耗品費〔[法] 販管費／[個] 経費〕	54
電気料金	水道光熱費〔[法] 販管費／[個] 経費〕	52
電気料金未払い	未払金（流動負債）	144
転勤費用（社内規程内）	荷造運賃〔[法] 販管費／[個] 経費〕	47
点検整備費	修繕費〔[法] 販管費／[個] 経費〕	62
展示会出品費用	広告宣伝費〔[法] 販管費／[個] 経費〕	48
電子計算機	工具器具備品（有形固定資産）	123
電子帳簿保存法		168
電子納税		171
電車賃	旅費交通費〔[法] 販管費／[個] 経費〕	44
電池代	消耗品費〔[法] 販管費／[個] 経費〕	54
テント使用料	雑費〔[法] 販管費／[個] 経費〕	70
天引きされた源泉税	事業主貸〔[個] 独自の勘定科目〕	140
伝票（未使用）	貯蔵品（流動資産）	106
伝票代	事務用品費〔[法] 販管費／[個] 経費〕	63
店舗	建物（有形固定資産）	118
電報料金	通信費〔[法] 販管費／[個] 経費〕	45
店舗敷地	土地（有形固定資産）	124
電力費		52
電話移設工事費	修繕費〔[法] 販管費／[個] 経費〕	62
電話加入権		131
電話機消毒代	雑費〔[法] 販管費／[個] 経費〕	70
電話設備	工具器具備品（有形固定資産）	123
電話料金	通信費〔[法] 販管費／[個] 経費〕	45

と

トイレットペーパー代	福利厚生費〔[法] 販管費／[個] 経費〕	43
トイレットペーパー代	消耗品費〔[法] 販管費／[個] 経費〕	54
当期償却額	減価償却費〔[法] 販管費／[個] 経費〕	67
当期損失		90
当期未処分利益	〔[法] 利益処分科目〕	90
当期未処理損失		90
同業者団体会費	諸会費〔[法] 販管費／[個] 経費〕	59
同業者団体加入金	繰延資産（繰延資産）	137
当期利益	〔[法] 利益処分科目〕	90
当期利益	未処分利益〔[法] 利益剰余金〕	163
統計資料購入	新聞図書費〔[法] 販管費／[個] 経費〕	56
同好会補助費	福利厚生費〔[法] 販管費／[個] 経費〕	43

当座借越	短期借入金（流動負債）………………	143
当座小切手（他人振出）	現金（流動資産）…………………………	92
当座預金	（流動資産）………………………………	95
当座預金から振替	預金／普通預金（流動資産）…………	94
倒産企業への債権	貸倒損失・貸倒金（[法] 販管費／[個] 経費）	69
動産総合保険料	保険料（[法] 販管費／[個] 経費）……	61
投資信託受益証券	有価証券（流動資産）……………………	99
投資信託受益証券	投資有価証券（投資等）…………………	132
投資信託受益証券売却益	有価証券売却益（[法] 営業外収益）…	73
投資信託受益証券売却損	有価証券売却損（[法] 営業外費用）…	78
投資信託収益分配金	受取配当金（[法] 営業外収益）………	72
投資信託収益分配金	事業主借（[個] 独自の勘定科目）……	158
投資不動産	………………………………………………	124
投資目的株式	投資有価証券（投資等）…………………	132
投資目的株式配当	投資有価証券（投資等）…………………	132
投資目的外国株券	投資有価証券（投資等）…………………	132
投資目的外国債券	投資有価証券（投資等）…………………	132
投資目的公債	投資有価証券（投資等）…………………	132
投資目的国債	投資有価証券（投資等）…………………	132
投資目的社債	投資有価証券（投資等）…………………	132
投資目的地方債	投資有価証券（投資等）…………………	132
投資目的中国ファンド	投資有価証券（投資等）…………………	132
投資目的有価証券	投資有価証券（投資等）…………………	132
投資目的利付債券	投資有価証券（投資等）…………………	132
投資有価証券	（投資等）…………………………………	132
盗難損失	雑損失（[法] 営業外費用）……………	79
盗難保険料	保険料（[法] 販管費／[個] 経費）……	61
道府県民税未納税額	未払法人税等（流動負債）………………	150
豆腐類製造設備	機械装置（有形固定資産）………………	121
灯油代	水道光熱費（[法] 販管費／[個] 経費）	52
登録手数料	支払手数料（[法] 販管費／[個] 経費）	58
登録免許税	租税公課（[法] 販管費／[個] 経費）…	55
道路建設負担金	繰延資産（繰延資産）……………………	137
道路占有料	租税公課（[法] 販管費／[個] 経費）…	55
道路占有料	地代家賃（[法] 販管費／[個] 経費）…	57
得意先接待費用	接待交際費（[法] 販管費／[個] 経費）	49
特定寄付金	寄付金（[法] 販管費／[個] 経費）……	65
特別会費	諸会費（[法] 販管費／[個] 経費）……	59
特別区民税未納税額	未払法人税等（流動負債）………………	150
特別賞与	賞与（[法] 販管費／[個] 経費）………	39
特別地方消費税	租税公課（[法] 販管費／[個] 経費）…	55
特別土地保有税	租税公課（[法] 販管費／[個] 経費）…	55
特別分配金	受取配当金（[法] 営業外収益）………	72

特別分配金	事業主借（[個] 独自の勘定科目）	158
特約店手数料収入	雑収入（[法] 営業外収益／[個] 売上（収入）金額）	75
都市計画税	租税公課（[法] 販管費／[個] 経費）	55
土地	（有形固定資産）	124
土地売却益	固定資産売却益（[法] 特別利益）	80
土地売却損	固定資産売却損（[法]（特別損失）	83
土地売却代金の未収	未収金／未収入金（流動資産）	110
特許権	（無形固定資産）	129・131
特許権購入	特許権（無形固定資産）	129
特許権売却益	固定資産売却益（[法] 特別利益）	80
特許出願料	特許権（無形固定資産）	129
特許登録費用	特許権（無形固定資産）	129
特許料	特許権（無形固定資産）	129
都民税未納税額	未払法人税等（流動負債）	150
トラック	車両運搬具（有形固定資産）	122
トラック便運賃	荷造運賃（[法] 販管費／[個] 経費）	47
トラベラーズチェック	現金（流動資産）	92
取締役への報酬	役員報酬（[法] 販管費）	37
取立手数料	支払手数料（[法] 販管費／[個] 経費）	58
取立不能見込額	貸倒引当金繰入	
	（[法] 販管費／[個] 各種引当金・準備金等）	68
取立不能見込額	貸倒引当金（流動資産）	117
取付工具	工具器具備品（有形固定資産）	123
取引先貸付金	短期貸付金（流動資産）	109
取引先からの借入	短期借入金（流動負債）	143
取引先からの借入	長期借入金（固定負債）	154
取引先と打ち合わせ費用	会議費（[法] 販管費／[個] 経費）	50
取引先への立替	立替金（流動資産）	108
取引先への長期貸付金	長期貸付金（投資等）	134
取引停止企業の債権	貸倒損失・貸倒金（[法] 販管費／[個] 経費）	69
取引保証金の支払い	保証金／差入保証金（投資等）	135
度量衡機器	工具器具備品（有形固定資産）	123
トレードマーク		130
トロッコ	車両運搬具（有形固定資産）	122

な

内容証明料金	通信費（[法] 販管費／[個] 経費）	45
中吊り広告費用	広告宣伝費（[法] 販管費／[個] 経費）	48

に

荷役費	仕入高（[法] 営業費用／[個] 売上原価）	30
荷造運賃	（[法] 販管費／[個] 経費）	47
荷造材料費		47

日本私立学校振興・共済事業団への寄付	寄付金（[法] 販管費／[個] 経費）	65
日本赤十字社に寄付	寄付金（[法] 販管費／[個] 経費）	65
入荷基準		31
入札保証金の支払い	保証金／差入保証金（投資等）	135
二輪自動車	車両運搬具（有形固定資産）	122
庭木	構築物（有形固定資産）	120
庭木手入代	雑費（[法] 販管費／[個] 経費）	70
任意積立金（別途積立金）	任意積立金（[法] 利益剰余金）	162
認定NPO法人に寄付	寄付金（[法] 販管費／[個] 経費）	65

ね

ネオンサイン	工具器具備品（有形固定資産）	123
値引購入	仕入値引高（[法] 営業費用／[個] 売上原価）	32
値引販売	売上値引高（[法] 営業収益／[個] 売上（収入）金額）	26
年度末振替	元入金（[個] 独自の勘定科目）	164
年末賞与	賞与（[法] 販管費／[個] 経費）	39
燃料	原材料（流動資産）	104
燃料（未使用）	貯蔵品（流動資産）	106

の

納期遅延による値引	売上値引高（[法] 営業収益／[個] 売上（収入）金額）	26
納期遅延による値引購入	仕入値引高（[法] 営業費用／[個] 売上原価）	32
納期遅延による返品	売上戻り高（[法] 営業収益／[個] 売上（収入）金額）	27
納期遅延による返品払出	仕入戻し高（[法] 営業費用／[個] 売上原価）	33
納税協会会費	諸会費（[法] 販管費／[個] 経費）	59
納税充当金		150
ノウハウの頭金	繰延資産（繰延資産）	137
納品基準		25
納品書用紙代	事務用品費（[法] 販管費／[個] 経費）	63
ノート代	事務用品費（[法] 販管費／[個] 経費）	63
のし袋	消耗品費（[法] 販管費／[個] 経費）	54
延払条件付販売	売上高（[法] 営業収益／[個] 売上（収入）金額）	24
のれん代買取	のれん（無形固定資産）	128

は

パーキング料金	旅費交通費（[法] 販管費／[個] 経費）	44
パート賃金	雑給／外注工賃（[法] 販管費／[個] 経費）	40
排煙設備	建物付属設備（有形固定資産）	119
売価還元法		103
廃棄物処理費用	雑費（[法] 販管費／[個] 経費）	70
バイク便費用（書類）	通信費（[法] 販管費／[個] 経費）	45
バイク便費用	荷造運賃（[法] 販管費／[個] 経費）	47
買収による取得	のれん（無形固定資産）	128

買収による取得	特許権／実用新案権（無形固定資産）………	129
買収による取得	商標権／意匠権（無形固定資産）…………	130
配当	受取配当金［法］営業外収益）………………	72
配当金	事業主借（［個］独自の勘定科目）…………	158
配当金支払決議	未払金（流動負債）…………………………	144
配当金領収書	現金（流動資産）……………………………	92
配当平均積立金 …………………………………………………………………………		162
売買取消による返品	売上戻り高［法］営業収益／［個］売上（収入）金額）	27
売買取消による返品払出	仕入戻し高［法］営業費用／［個］売上原価）………	33
売買目的株式	有価証券（流動資産）………………………	99
売買目的有価証券	有価証券（流動資産）………………………	99
バインダー代	事務用品費（［法］販管費／［個］経費）……	63
葉書代	通信費（［法］販管費／［個］経費）…………	45
破産企業への債権	貸倒損失・貸倒金（［法］販管費／［個］経費）	69
橋	構築物（有形固定資産）……………………	120
バス	車両運搬具（有形固定資産）………………	122
バス代	旅費交通費（［法］販費／［個］経費）………	44
パスポート交付手数料	旅費交通費（［法］販費／［個］経費）………	44
パソコン	工具器具備品（有形固定資産）……………	123
パソコン賃借料	賃借料（［法］販費／［個］経費）……………	60
破損商品の値引購入	仕入値引高（［法］営業費用／［個］売上原価）	32
罰金の支払い	雑損失（［法］営業外費用）…………………	79
発生主義会計 ………………………………………………………………………………		21
発送運賃	荷造運賃（［法］販管費／［個］経費）………	47
発泡スチロール代（荷造用）	荷造運賃（［法］販管費／［個］経費）………	47
母（専従者）給与	専従者給与（各種引当金・準備金等）………	89
パワーショベル	機械装置（有形固定資産）…………………	121
バン	車両運搬具（有形固定資産）………………	122
パンク修理（車両運搬具）	修繕費（［法］販管費／［個］経費）…………	62
パンク修理代（車両）	車両関係費（［法］販管費／［個］経費）……	51
パン製造設備	機械装置（有形固定資産）…………………	121
半製品	期首棚卸高（［法］営業費用／［個］売上原価）	29
半製品	期末棚卸高（［法］営業費用／［個］売上原価）	36
半製品	（流動資産）…………………………………	103
搬送設備	機械装置（有形固定資産）…………………	121
販売基準 …………………………………………………………………………………		25
販売協力金	売上割戻し高	
	（［法］営業収益／［個］売上（収入）金額）…	28
販売協力金	仕入割戻し高（［法］営業費用／［個］売上原価）	34
販売奨励金	売上割戻し高	
	（［法］営業収益／［個］売上（収入）金額）…	28
販売奨励金	仕入割戻し高（［法］営業費用／［個］売上原価）	34
販売促進費	（［法］販管費／［個］経費）………………	46

販売促進費の支払い	販売促進費（[法] 販管費／[個] 経費）………	46
販売代金超過入金	前受金（流動負債）………	146
販売代金前受	前受金（流動負債）………	146
販売目標達成金	売上割戻し高	
	（[法] 営業収益／[個] 売上（収入）金額）………	28
販売目標達成金	仕入割戻し高（[法] 営業費用／[個] 売上原価）	34
販売用商品	商品／棚卸資産（流動資産）………	100
パンフレット（宣伝用）	広告宣伝費（[法] 販管費／[個] 経費）………	48

ひ

PR費用	広告宣伝費（[法] 販管費／[個] 経費）………	48
引当金戻入益	前期損益修正益（[法] 特別利益）………	82
引取運賃	仕入高（[法] 営業費用／[個] 売上原価）………	30
引取運賃	機械装置（有形固定資産）………	121
引渡基準	………	25
ビザ取得費	旅費交通費（[法] 販管費／[個] 経費）………	44
ビジネスショー入場料	雑費（[法] 販管費／[個] 経費）………	70
非償却資産	………	123
美術品	受贈益（[法] 特別利益）………	88
避難設備	建物付属設備（有形固定資産）………	119
備品	期首棚卸高（[法] 営業費用／[個] 売上原価）………	29
備品	期末棚卸高（[法] 営業費用／[個] 売上原価）………	36
備品（未使用）	貯蔵品（流動資産）………	106
備品修繕	修繕費（[法] 販管費／[個] 経費）………	62
備品除却損	固定資産除却損（[法]（特別損失））………	84
備品売却益	固定資産売却益（[法] 特別利益）………	80
備品売却損	固定資産売却損（[法]（特別損失））………	83
備品売却代金の未収	未収金／未収入金（流動資産）………	110
費用	………	17
美容機器	工具器具備品（有形固定資産）………	123
日除け設備	建物付属設備（有形固定資産）………	119
ビラ印刷配布代	広告宣伝費（[法] 販管費／[個] 経費）………	48
ビル管理費用	雑費（[法] 販管費／[個] 経費）………	70
ビル借室保証金の支払い	保証金／差入保証金（投資等）………	135
品質不良による値引	売上値引高（[法] 営業収益／[個] 売上（収入）金額）………	26
品質不良による値引を受けた	仕入値引高（[法] 営業費用／[個] 売上原価）………	32
品質不良による返品	売上戻り高（[法] 営業収益／[個] 売上（収入）金額）………	27
品質不良による返品払出	仕入戻し高（[法] 営業費用／[個] 売上原価）………	33
便箋代	事務用品費（[法] 販管費／[個] 経費）………	63

ふ

歩合給	給料手当／賃金（[法] 販管費／[個] 経費）………	38
ファイナンス・リース	………	60

用語	勘定科目	ページ
ファクシミリ用紙代	事務用品費（[法] 販管費／[個] 経費）	63
ファクシミリ料金	通信費（[法] 販管費／[個] 経費）	45
フィルム代	消耗品費（[法] 販管費／[個] 経費）	54
封筒代	事務用品費（[法] 販管費／[個] 経費）	63
フォークリフト	車両運搬具（有形固定資産）	122
副産物	期首棚卸高（[法] 営業費用／[個] 売上原価）	29
副産物	期末棚卸高（[法] 営業費用／[個] 売上原価）	36
副産物	（流動資産）	103
副産物売却	雑収入（[法] 営業外収益／[個] 売上（収入）金額）	75
複式簿記		17・53
複写機	工具器具備品（有形固定資産）	123
複写機リース料	賃借料（[法] 販管費／[個] 経費）	60
福引券印刷費	広告宣伝費（[法] 販管費／[個] 経費）	48
福利厚生費	（[法] 販管費／[個] 経費）	43
負債		17
普通預金	（流動資産）	94
普通預金から振替	当座預金（流動資産）	95
普通預金利息	受取利息（[法] 営業外収益）	71
普通預金利息	事業主借（[個] 独自の勘定科目）	158
不定額資金前渡制度		93
不動産鑑定士報酬	支払手数料（[法] 販管費／[個] 経費）	58
不動産取得税	租税公課（[法] 販管費／[個] 経費）	55
不動産賃借料		57
赴任旅費	旅費交通費（[法] 販管費／[個] 経費）	44
部品	原材料（流動資産）	104
部品取り替え	修繕費（[法] 販管費／[個] 経費）	62
不明入金	仮受金（流動負債）	148
ブラインド	建物付属設備（有形固定資産）	119
ブランドネーム		128
振替出金	預金／普通預金（流動資産）	94
振替貯金払出証書	現金（流動資産）	92
振込出金	預金／普通預金（流動資産）	94
振込手数料	支払手数料（[法] 販管費／[個] 経費）	58
振込入金	預金／普通預金	94
振出小切手決済	当座預金（流動資産）	95
振出手形差替	支払手形（流動負債）	141
古新聞売却	雑収入（[法] 営業外収益／[個] 売上（収入）金額）	75
ブルドーザー	機械装置（有形固定資産）	121
古本売却	雑収入（[法] 営業外収益／[個] 売上（収入）金額）	75
プレス	機械装置（有形固定資産）	121
フロッピーディスク代	事務用品費（[法] 販管費／[個] 経費）	63
プロバイダー料金	通信費（[法] 販管費／[個] 経費）	45
プロパンガス料金	水道光熱費（[法] 販管費／[個] 経費）	52

不渡手形	受取手形（流動資産）………………………………	96
不渡手形	不渡手形（流動資産）………………………………	116
分割返済保証金の支払い	保証金／差入保証金（投資等）……………………	135
分析器	工具器具備品（有形固定資産）……………………	123
分担金	諸会費（[法] 販管費／ [個] 経費）………………	59
文房具（未使用）	貯蔵品（流動資産）…………………………………	106

へ

塀	構築物（有形固定資産）……………………………	120
ヘッジ会計	………………………………………………………	74
別途積立金	（[法] 利益剰余金）…………………………………	162
弁護士報酬	支払手数料（[法] 販管費／ [個] 経費）…………	58
弁済後1年以上経過した債権	貸倒損失・貸倒金（[法] 販管費／ [個] 経費）…	69
弁当代（会議）	会議費（[法] 販管費／ [個] 経費）………………	50
弁理士報酬	支払手数料（[法] 販管費／ [個] 経費）…………	58

ほ

ボイラー設備	建物付属設備（有形固定資産）……………………	119
報告書用紙代	事務用品費（[法] 販管費／ [個] 経費）…………	63
報奨金	売上割戻し高	
	（[法] 営業収益／ [個] 売上（収入）金額）……	28
報奨金	仕入割戻し高 [法] 営業費用／ [個] 売上原価）……	34
報償金受取	雑収入（[法] 営業外収益／ [個] 売上（収入）金額）…	75
法人会会費	諸会費（[法] 販管費／ [個] 経費）………………	59
法人税、住民税及び事業税／法人税等	…………………………………………	86
法人税等納付	未払法人税等（流動負債）…………………………	150
法人税見積納税額	未払法人税等（流動負債）…………………………	150
法人税未納税額	未払法人税等（流動負債）…………………………	150
縫製品製造設備	機械装置（有形固定資産）…………………………	121
包装材費用	荷造運賃（[法] 販管費／ [個] 経費）……………	47
法定準備金	資本準備金（[法] 資本剰余金）……………………	160
法定準備金	利益準備金（[法] 利益剰余金）……………………	161
法定福利費	（[法] 販管費／ [個] 経費）………………………	42
法定補償費	法定福利費（[法] 販管費／ [個] 経費）…………	42
ボーナス	賞与（[法] 販管費／ [個] 経費）…………………	39
忘年会費用	福利厚生費（[法] 販管費／ [個] 経費）…………	43
防犯協会会費	諸会費（[法] 販管費／ [個] 経費）………………	59
ボールペン代	事務用品費（[法] 販管費／ [個] 経費）…………	63
保険金受取	雑収入（[法] 営業外収益／ [個] 売上（収入）金額）…	75
保険契約者配当金	受取配当金（[法] 営業外収益）……………………	72
保険契約者配当金	事業主借（[個] 独自の勘定科目）…………………	158
保険料	（[法] 販管費／ [個] 経費）………………………	61
保険料立替	立替金（流動資産）…………………………………	108

保険料積立金	……………………………………………………………	61
保守管理費用	修繕費（[法] 販管費／[個] 経費）………………………	62
補償金の支払い	雑損失（[法] 営業外費用）………………………………	79
保証金	（投資等）…………………………………………………	135
保証金預り	預り保証金／長期預り金（固定負債）…………………	155
保証金利息	受取利息（[法] 営業外収益）……………………………	71
保証金利息	事業主借（[個] 独自の勘定科目）………………………	158
補助金受取	雑収入（[法] 営業外収益／[個] 売上（収入）金額）…	75
補助原材料	原材料（流動資産）………………………………………	104
ポスター制作費	広告宣伝費（[法] 販管費／[個] 経費）…………………	48
舗装費用	構築物（有形固定資産）…………………………………	120
ホワイトボード購入	消耗品費（[法] 販管費／[個] 経費）……………………	54

ま

マーケティング費用	研究開発費（[法] 販管費／[個] 経費）…………………	66
前受金	前受金（流動負債）………………………………………	146
前受金相殺	売掛金（流動資産）………………………………………	98
前受金振替	売掛金（流動資産）………………………………………	98
前受収益	……………………………………………………………	113
前受収益	（流動負債：経過勘定）…………………………………	147
前受手数料	前受収益（流動負債：経過勘定）………………………	147
前受家賃	前受収益（流動負債：経過勘定）………………………	147
前払金	前渡金／前払金（流動資産）……………………………	107
前払金	建設仮勘定（有形固定資産）……………………………	125
前払経費	前払費用（流動資産：経過勘定）………………………	112
前払地代	前払費用（流動資産：経過勘定）………………………	112
前払賃借料	前払費用（流動資産：経過勘定）………………………	112
前払費用	（流動資産：経過勘定）………………………………	112・113
前払保険料	前払費用（流動資産：経過勘定）………………………	112
前払家賃	前払費用（流動資産：経過勘定）………………………	112
前渡金	建設仮勘定（有形固定資産）……………………………	125
前渡金／前払金	（流動資産）………………………………………………	107
前渡金相殺	買掛金（流動負債）………………………………………	142
前渡金振替	買掛金（流動負債）………………………………………	142
賄費	福利厚生費（[法] 販管費／[個] 経費）…………………	43
間仕切り	建物付属設備（有形固定資産）…………………………	119
マッチ（店名入り）	広告宣伝費（[法] 販管費／[個] 経費）…………………	48
回し手形受取	受取手形（流動資産）……………………………………	96
回り手形	……………………………………………………………	153
満期利息	受取利息（[法] 営業外収益）……………………………	71
満期利息	事業主借（[個] 独自の勘定科目）………………………	158

み

未経過支払利息	前払費用（流動資産：経過勘定）	112
未経過保険料	前払費用（流動資産：経過勘定）	112
未経過リース料	前払費用（流動資産：経過勘定）	112
未経過割引料	前払費用（流動資産：経過勘定）	112
未決算勘定		114
未収請負売上	未収収益（流動資産：経過勘定）	111
未収受取利息	未収収益（流動資産：経過勘定）	111
未収売掛金	未収金／未収入金（流動資産）	110
未収金／未収入金	（流動資産）	110
未収収益	（流動資産：経過勘定）	111・113
未収代金	売掛金（流動資産）	98
未収代金	未収金／未収入金（流動資産）	110
未収地代	未収収益（流動資産：経過勘定）	111
未収賃貸料	未収収益（流動資産：経過勘定）	111
未収手数料	未収収益（流動資産：経過勘定）	111
未収入金回収不能見込額	貸倒引当金繰入 ［法］販管費／［個］各種引当金・準備金等	68
未収家賃	未収収益（流動資産：経過勘定）	111
未収利息	未収収益（流動資産：経過勘定）	111
未処分損益計算		90
未処分利益（当期未処分利益）	［法］利益剰余金	163
未成工事受入金	前受金（流動負債）	146
未成工事支出金		31・105
未着品	商品／棚卸資産（流動資産）	100・103
見積法人税	未払法人税等（流動負債）	150
みなし配当	利益準備金［法］利益剰余金	161
みなし配当金	受取配当金［法］営業外収益	72
みなし配当金	事業主借（［個］独自の勘定科目）	158
未払金	（流動負債）	144
未払金債務免除	債務免除益［法］特別利益	87
未払消費税	仮払消費税（流動資産）	115
未払賃金	未払費用（流動負債：経過勘定）	145
未払賃借料	未払費用（流動負債：経過勘定）	145
未払費用	（流動負債：経過勘定）	113・145
未払法人税等	（流動負債）	150
未払保険料	未払費用（流動負債：経過勘定）	145
未払家賃	未払費用（流動負債：経過勘定）	145
未払リース料	未払費用（流動負債：経過勘定）	145
見本品	商品／棚卸資産（流動資産）	100
見本品提供	広告宣伝費［法］販管費／［個］経費	48
見舞金（社内）	福利厚生費［法］販管費／［個］経費	43

見舞金（取引先）	接待交際費（［法］販管費／［個］経費）	49
土産代（取引先）	接待交際費（［法］販管費／［個］経費）	49
未渡小切手（期中）	現金（流動資産）	92
未渡小切手	当座預金（流動資産）	95
民事再生法による債権	貸倒損失・貸倒金（［法］販管費／［個］経費）	69

む

無形固定資産		127・131
無形固定資産	のれん（無形固定資産）	128
無形固定資産	特許権／実用新案権（無形固定資産）	129
無形固定資産	商標権／意匠権（無形固定資産）	130
無形固定資産減価償却	減価償却費（［法］販管費／［個］経費）	67
無償供与	寄付金（［法］販管費／［個］経費）	65
無償増資	資本金（［法］資本金）	159
無償増資株式	有価証券（流動資産）	99
無償増資株式	投資有価証券（投資等）	132
息子（専従者）給与	専従者給与（各種引当金・準備金等）	89
娘（専従者）給与	専従者給与（各種引当金・準備金等）	89

め

名義書換料		133
名刺代	事務用品費（［法］販管費／［個］経費）	63
メインテナンス		62
目方不足による値引	売上値引高（［法］営業収益／［個］売上（収入）金額）	26
目方不足による値引を受けた	仕入値引高（［法］営業費用／［個］売上原価）	32
免許取得費用	福利厚生費（［法］販管費／［個］経費）	43
免税事業者		115・151

も

| 元入金 | （［個］独自の勘定科目） | 164・165 |

や

役員預り金		149
役員貸付金	短期貸付金（流動資産）	109
役員貸付金回収不能見込額	貸倒引当金繰入（［法］販管費／［個］各種引当金・準備金等）	68
役員からの借入	短期借入金（流動負債）	143
役員からの借入	長期借入金（固定負債）	154
役員への賞与		37・39
役員賞与支払決議	未払金（流動負債）	144
役員退職慰労金	退職金（［法］販管費／［個］経費）	41
役員立替金		108
役員短期貸付金		109

項目	勘定科目	ページ
役員短期借入金		143
役員長期借入金		154
役員への立替	立替金（流動資産）	108
役員への長期貸付金	長期貸付金（投資等）	134
役員報酬	役員報酬（［法］販管費）	37
約束手形		97
約束手形受取	受取手形（流動資産）	96
約束手形裏書	裏書手形（流動負債）	153
約束手形振出	支払手形（流動負債）	141
約束手形不渡	不渡手形（流動資産）	116
約束手形割引	割引手形（流動負債）	152
家賃収入	雑収入（［法］営業外収益／［個］売上（収入）金額）	75
家賃の支払い	地代家賃（［法］販管費／［個］経費）	57

ゆ

項目	勘定科目	ページ
有価証券	（流動資産）	99
有価証券購入代金の未払い	未払金（流動負債）	144
有価証券売却益	（［法］営業外収益）	73
有価証券売却益	事業主借（［個］独自の勘定科目）	158
有価証券売却損	（［法］営業外費用）	78
有価証券売却損	事業主貸（［個］独自の勘定科目）	140
有価証券売却代金の未収	未収金／未収入金（流動資産）	110
有価証券売買委託手数料	有価証券（流動資産）	99
有価証券売買委託手数料	投資有価証券（投資等）	132
有価証券利息	受取利息（［法］営業外収益）	71
有価証券利息	事業主借（［個］独自の勘定科目）	158
有形固定資産		127
有形固定資産減価償却	減価償却費（［法］販管費／［個］経費）	67
有姿除却		84
有償増資	資本金（［法］資本金）	159
有償譲り受けによる取得	のれん（無形固定資産）	128
有償譲り受けによる取得	特許権／実用新案権（無形固定資産）	129
有償譲り受けによる取得	商標権／意匠権（無形固定資産）	130
融通手形受取	受取手形（流動資産）	96
融通手形振出	支払手形（流動負債）	141
融通手形割引	割引手形（流動負債）	152
有線放送料	雑費（［法］販管費／［個］経費）	70
郵送料	通信費（［法］販管費／［個］経費）	45
ゆうパック料金	通信費（［法］販管費／［個］経費）	45
郵便為替証書	現金（流動資産）	92
郵便切手	通信費（［法］販管費／［個］経費）	45
郵便貯金利息	受取利息（［法］営業外収益）	71
郵便貯金利息	事業主借（［個］独自の勘定科目）	158

郵便料金	通信費（[法] 販管費／[個] 経費）………………	45
有料駐車場料金	旅費交通費（[法] 販管費／[個] 経費）…………	44
有料道路料金	旅費交通費（[法] 販管費／[個] 経費）…………	44
床張り替え	修繕費（[法] 販管費／[個] 経費）………………	62
輸出海上保険料	保険料（[法] 販管費／[個] 経費）………………	61
輸出関係手数料	荷造運賃（[法] 販管費／[個] 経費）……………	47
ユニフォーム代	福利厚生費（[法] 販管費／[個] 経費）…………	43
輸入海上保険料	保険料（[法] 販管費／[個] 経費）………………	61
輸入保証金の支払い	保証金／差入保証金（投資等）……………………	135

よ

用水池	構築物（有形固定資産）……………………………	120
養老保険料	保険料（[法] 販管費／[個] 経費）………………	61
預金	（流動資産）…………………………………………	94
預金預入	預金／普通預金（流動資産）………………………	94
預金小切手	………………………………………………………	92
預金手形	現金（流動資産）……………………………………	92
預金振替手数料	支払手数料（[法] 販管費／[個] 経費）…………	58
予防接種費用	福利厚生費（[法] 販管費／[個] 経費）…………	43
予約販売	売上高（[法] 営業収益／[個] 売上（収入）金額）……	24

ら

ライオンズクラブ会費	接待交際費（[法] 販管費／[個] 経費）…………	49
来客食事代（会議）	会議費（[法] 販管費／[個] 経費）………………	50
来客用灰皿	雑費（[法] 販管費／[個] 経費）…………………	70
ライター（店名入り）	広告宣伝費（[法] 販管費／[個] 経費）…………	48
ラジオ広告放送料	広告宣伝費（[法] 販管費／[個] 経費）…………	48

り

リース料金	賃借料（[法] 販管費／[個] 経費）………………	60
利益処分	未処分利益（[法] 利益剰余金）……………………	163
利益処分案	………………………………………………………	163
利益処分科目	………………………………………………………	90
利益処分積立	任意積立金（別途積立金）（[法] 利益剰余金）……	162
利益処分積立	利益準備金（[法] 利益剰余金）……………………	161
利益処分取崩し	任意積立金（別途積立金）（[法] 利益剰余金）……	162
利益処分取崩し	利益準備金（[法] 利益剰余金）……………………	161
利益準備金	（[法] 利益剰余金）………………………………	161
利益準備金積立額	（[法] 利益処分科目）……………………………	90
利益剰余金	………………………………………………………	161
利益分配金	受取配当金（[法] 営業外収益）…………………	72
利益分配金	事業主借（[個] 独自の勘定科目）………………	158
リサーチ費用	研究開発費（[法] 販管費／[個] 経費）…………	66

利子税	租税公課（[法] 販管費／[個] 経費）………	55
利子割引料	（[法] 営業外費用／[個] 経費） ………	76
利付債券	有価証券（流動資産）………………………	99
リベート	売上割戻し高	
	（[法] 営業収益／[個] 売上（収入）金額）借方科目 …	28
リベートの受取り	仕入割戻し高（[法] 営業費用／[個] 売上原価）………	34
リベートの支払い	売上割戻し高	
	（[法] 営業収益／[個] 売上（収入）金額）………	28
リベートの支払い	販売促進費（[法] 販管費／[個] 経費）………………	46
リヤカー	車両運搬具（有形固定資産）………………………	122
理容機器	工具器具備品（有形固定資産）………………	123
料金別納郵便	通信費（[法] 販管費／[個] 経費）…………	45
領収書用紙代	事務用品費（[法] 販管費／[個] 経費）……	63
量目不足による値引	売上値引高（[法] 営業収益／[個] 売上（収入）金額）	26
量目不足による値引を受けた	仕入値引高（[法] 営業費用／[個] 売上原価）……	32
緑化設備	構築物（有形固定資産）………………………	120
旅行招待（取引先）	接待交際費（[法] 販管費／[個] 経費）……	49
旅行保険料	保険料（[法] 販管費／[個] 経費）…………	61
旅費交通費	（[法] 販管費／[個] 経費）………………	44
臨時会費	諸会費（[法] 販管費／[個] 経費）…………	59
臨時社員給与	雑給／外注工賃（[法] 販管費／[個] 経費）………	40

れ

冷蔵庫	工具器具備品（有形固定資産）………………	123
冷暖房機器	工具器具備品（有形固定資産）………………	123
冷暖房設備	建物付属設備（有形固定資産）………………	119
冷凍庫	工具器具備品（有形固定資産）………………	123
冷房費	水道光熱費（[法] 販管費／[個] 経費）……	52
レジャークラブ会費（接待）	接待交際費（[法] 販管費／[個] 経費）……	49
レジャークラブ入会金	出資金（投資等）………………………………	133
レンタカー費用	賃借料（[法] 販管費／[個] 経費）…………	60
レンタル料金	賃借料（[法] 販管費／[個] 経費）…………	60

ろ

労災保険料	法定福利費（[法] 販管費／[個] 経費）……	42
労働災害補償保険料	保険料（[法] 販管費／[個] 経費）…………	61
労働保険料（事業主負担分）	法定福利費（[法] 販管費／[個] 経費）……	42
労働保険料（事業主負担分）	福利厚生費（[法] 販管費／[個] 経費）……	43
ロータリークラブ会費	接待交際費（[法] 販管費／[個] 経費）……	49
ローン利息の支払い	支払利息／利子割引料	
	（[法] 営業外費用／[個] 経費）………	76
ロッカー代	消耗品費（[法] 販管費／[個] 経費）………	54
路面舗装	構築物（有形固定資産）………………………	120

わ

割引手形　　　　　割引手形（流動負債）……………………………152
割引手形不渡　　　不渡手形（流動資産）……………………………116

【参考資料】
「最新・会計処理ガイドブック」　古野昌年編著　清文社
「第9版・勘定科目別　仕訳処理ハンドブック」
　　田村雅俊／鈴木義則／佐藤昭雄編著　清文社
「会計諸則集」　税務経理協会編　税務経理協会
「勘定科目と仕訳の基礎」　岩崎　勇著　税務経理協会
「税務経理ハンドブック」　日本税理士会連合会編　中央経済社
「税務ハンドブック」　宮口定雄編著　コントロール社
「早引き　勘定科目・仕訳事典」　増木清行著　ぱる出版
「すぐひける勘定科目と仕訳の事典」　藤井靜雄監修　成美堂出版
「これはどうする？勘定科目と伝票起票がすぐわかる事典」
　金子則彦著　明日香出版社
「経理がわかる事典」　陣川公平著　日本実業出版社
「仕訳の実際555例」　榎本　堯著　実業之日本社
「図解　仕訳がすぐわかる　経理・勘定科目事典」　中野智之監修　ナツメ社
「勘定科目がしっかりわかる事典」　日比野　久監修　西東社
「会社法・整備法全条文」　商事法務編　商事法務
「国税庁タックスアンサー」

219

法人の損益計算書科目から調べるさくいん

記載ページ

売上高	売上高 …………………… 24	売上戻り高 ………………… 27
	売上値引高 ………………… 26	売上割戻し高 ……………… 28

売上原価	期首棚卸高（商品／製品）29	仕入戻し高 ………………… 33
	仕入高 ……………………… 30	仕入割戻し高 ……………… 34
	仕入値引高 ………………… 32	期末棚卸高（商品／製品）36

販売費及び一般管理費	役員報酬 …………………… 37	租税公課 …………………… 55
	給料手当／賃金 …………… 38	新聞図書費 ………………… 56
	賞与 ………………………… 39	地代家賃 …………………… 57
	雑給／外注工賃 …………… 40	支払手数料 ………………… 58
	退職金 ……………………… 41	諸会費 ……………………… 59
	法定福利費 ………………… 42	賃借料 ……………………… 60
	福利厚生費 ………………… 43	保険料 ……………………… 61
	旅費交通費 ………………… 44	修繕費 ……………………… 62
	通信費 ……………………… 45	事務用品費 ………………… 63
	販売促進費 ………………… 46	教育研修費 ………………… 64
	荷造運賃 …………………… 47	寄付金 ……………………… 65
	広告宣伝費 ………………… 48	研究開発費 ………………… 66
	接待交際費 ………………… 49	減価償却費 ………………… 67
	会議費 ……………………… 50	貸倒引当金繰入 …………… 68
	車両関係費 ………………… 51	貸倒損失／貸倒金 ………… 69
	水道光熱費 ………………… 52	雑費 ………………………… 70
	消耗品費 …………………… 54	

営業外収益	受取利息 …………………… 71	為替差益 …………………… 74
	受取配当金 ………………… 72	雑収入 ……………………… 75
	有価証券売却益 …………… 73	

営業外費用	支払利息／利子割引料 …… 76	有価証券売却損 …………… 78
	為替差損 …………………… 77	雑損失 ……………………… 79

特別利益	固定資産売却益 …………… 80	債務免除益 ………………… 87
	貸倒引当金戻入 …………… 81	受贈益 ……………………… 88
	前期損益修正益 …………… 82	

特別損失	固定資産売却損 …………… 83	法人税、住民税及び事業税／
	固定資産除却損 …………… 84	法人税等 ………………… 86
	前期損益修正損 …………… 85	当期純利益 ………………… 90

法人の貸借対照表科目から調べるさくいん

●資産の部　　　　　　　記載ページ

流動資産
- 現金 …………………………………… 92
- 預金／普通預金 ……………………… 94
- 当座預金 ……………………………… 95
- 受取手形 ……………………………… 96
- 売掛金 ………………………………… 98
- 有価証券 ……………………………… 99
- 商品／棚卸資産 …………………… 100
- 製品／棚卸資産 …………………… 101
- 未着品／積送品／半製品／副産物 …… 103
- 原材料 ……………………………… 104
- 仕掛品 ……………………………… 105
- 貯蔵品 ……………………………… 106
- 前渡金／前払金 …………………… 107
- 立替金 ……………………………… 108
- 短期貸付金 ………………………… 109
- 未収金／未収入金 ………………… 110
- 未収収益 …………………………… 111
- 前払費用 …………………………… 112
- 仮払金 ……………………………… 114
- 仮払消費税 ………………………… 115
- 不渡手形 …………………………… 116
- △貸倒引当金 ……………………… 117

固定資産
有形固定資産
- 建物 ………………………………… 118
- 建物付属設備 ……………………… 119
- 構築物 ……………………………… 120
- 機械装置 …………………………… 121
- 車両運搬具 ………………………… 122
- 工具器具備品 ……………………… 123
- 土地 ………………………………… 124
- 建設仮勘定 ………………………… 125
- 減価償却累計額 …………………… 126

無形固定資産
- のれん ……………………………… 128
- 特許権／実用新案権 ……………… 129
- 商標権／意匠権 …………………… 130

投資等
- 投資有価証券 ……………………… 132
- 出資金 ……………………………… 133
- 長期貸付金 ………………………… 134

繰延資産
- 繰延資産 …………………………… 137

●負債の部　　　　　　　記載ページ

流動負債
- 支払手形 …………………………… 141
- 買掛金 ……………………………… 142
- 短期借入金 ………………………… 143
- 未払金 ……………………………… 144
- 未払費用 …………………………… 145
- 前受金 ……………………………… 146
- 前受収益 …………………………… 147
- 仮受金 ……………………………… 148
- 預り金 ……………………………… 149
- 未払法人税等 ……………………… 150
- 仮受消費税 ………………………… 151
- 割引手形 …………………………… 152
- 裏書手形 …………………………… 153

固定負債
- 長期借入金 ………………………… 154
- 預り保証金／長期預り金 ………… 155
- 退職給付引当金 …………………… 156

●純資産の部　　　　　　記載ページ

資本金	資本金 …………………… 159
資本剰余金	資本準備金 ……………… 160
利益剰余金	利益準備金 ……………… 161 別途積立金 　（任意積立金）………… 162

- ソフトウェア／鉱業権／漁業権／借地権／電話加入権 …… 131
- 保証金／差入保証金 ……… 135
- 長期前払費用 ……………… 136
- その他繰延資産 ………… 137

個人事業者の青色申告損益計算書科目から調べるさくいん

記載ページ

売上（収入）金額	売上高	24
	売上値引高	26
	売上戻り高	27
	売上割戻し高	28
	自家消費／家事消費等	35
	雑収入	75
売上原価	期首棚卸高（商品／製品）	29
	仕入高	30
	仕入値引高	32
	仕入戻し高	33
	仕入割戻し高	34
	期末棚卸高（商品／製品）	36
経費	給料手当／賃金	38
	賞与	39
	雑給／外注工賃	40
	退職金	41
	法定福利費	42
	福利厚生費	43
	旅費交通費	44
	通信費	45
	販売促進費	46
	荷造運賃	47
	広告宣伝費	48
	接待交際費	49
	会議費	50
	車両関係費	51
	水道光熱費	52
	消耗品費	54
	租税公課	55
	新聞図書費	56
	地代家賃	57
	支払手数料	58
	諸会費	59
	賃借料	60
	保険料	61
	修繕費	62
	事務用品費	63
	教育研修費	64
	寄付金	65
	研究開発費	66
	減価償却費	67
	貸倒損失／貸倒金	69
	雑費	70
	支払利息／利子割引料	76
	為替差損	77
	雑損失	79
各種引当金・準備金等	貸倒引当金繰入	68
	貸倒引当金戻入	81
	専従者給与	89
	為替差益	74
	前期損益修正益	82
	固定資産除却損	84
	前期損益修正損	85
	債務免除益	87
	受贈益	88

個人事業者の青色申告貸借対照表（資産負債調）科目から調べるさくいん

●資産の部　　　　　　　　　記載ページ

- 現金……………………………………… 92
- 預金／普通預金………………………… 94
- 当座預金………………………………… 95
- 受取手形………………………………… 96
- 売掛金…………………………………… 98
- 有価証券………………………………… 99
- 商品／棚卸資産………………………… 100
- 製品／棚卸資産………………………… 101
- 未着品／積送品／半製品／副産物…… 103
- 原材料…………………………………… 104
- 仕掛品…………………………………… 105
- 貯蔵品…………………………………… 106
- 前渡金／前払金………………………… 107
- 立替金…………………………………… 108
- 短期貸付金……………………………… 109
- 未収金／未収入金……………………… 110
- 未収収益………………………………… 111
- 前払費用………………………………… 112
- 仮払金…………………………………… 114
- 仮払消費税……………………………… 115
- 不渡手形………………………………… 116
- 建物……………………………………… 118
- 建物付属設備…………………………… 119
- 構築物…………………………………… 120
- 機械装置………………………………… 121
- 車両運搬具……………………………… 122
- 工具器具備品…………………………… 123
- 土地……………………………………… 124
- 建設仮勘定……………………………… 125
- のれん…………………………………… 128
- 特許権／実用新案権…………………… 129
- 商標権／意匠権………………………… 130
- ソフトウェア／鉱業権／漁業権／借地権／
　　電話加入権………………………… 131
- 投資有価証券…………………………… 132
- 出資金…………………………………… 133
- 長期貸付金……………………………… 134
- 保証金／差入保証金…………………… 135
- 長期前払費用…………………………… 136
- 繰延資産………………………………… 137
- その他繰延資産………………………… 137

- 事業主貸………………………………… 140

●負債・資本の部　　　　　　　記載ページ

- 支払手形………………………………… 141
- 買掛金…………………………………… 142
- 短期借入金……………………………… 143
- 未払金…………………………………… 144
- 未払費用………………………………… 145
- 前受金…………………………………… 146
- 前受収益………………………………… 147
- 仮受金…………………………………… 148
- 預り金…………………………………… 149
- 仮受消費税……………………………… 151
- 割引手形………………………………… 152
- 裏書手形………………………………… 153
- 長期借入金……………………………… 154
- 預り保証金／長期預り金……………… 155

- 貸倒引当金……………………………… 117

- 事業主借………………………………… 158
- 元入金…………………………………… 164

遠山秀貴（とおやま　ひでたか）
1959年生まれ。中央大学文学部哲学科卒。
制作プロダクション・出版社勤務等を経て、1995年までジャストシステム出版編集部（当時）で、「一太郎のすべて」シリーズ、「メガトレンドを読む」等を編集制作。その後、編集プロダクション勤務を経て独立。ビジネス書から文化・社会問題等の各分野を扱う。
著書に「インターネットショップ開店ガイド」（池田書店）、「株で儲かる最強の基礎知識」（西東社）等。また「すぐひける勘定科目と仕訳の事典」「小さな会社の労働基準法と就業規則がわかる本」（ともに成美堂出版）等の編集・制作も手がける。

ひと目でわかる勘定科目・仕訳事典

2006年3月15日　初版発行
2006年6月1日　2刷発行
2007年3月15日　3刷発行

著　者　遠　山　秀　貴
発行者　奥　沢　邦　成
発行所　株式会社　ぱる出版

〒160-0011　東京都新宿区若葉1-9-16
電話　03-3353-2835（代表）　FAX 03-3353-2826（代表）
03-3353-3679（編集）
振替　東京 00100-3-131586
印刷・製本　中央精版印刷（株）

© 2006 Hidetaka Toyama　　　　　　　　　Printed in Japan
落丁・乱丁本は、お取り替えいたします
ISBN978-4-8272-0241-0 C0034